Los ángeles: un regalo del amor

¡Para todos los ángeles divinos!
¡Gracias por vuestro apoyo y amor divino
e ilimitado!

Índice

Introducción	5
Abundancia	7
Babaji	9
Buda	11
Cristo	13
Diana	16
Djwal Khul	18
El Morya	20
Arcángel Ariel	22
Arcángel Azrael	24
Arcángel Chamuel	26
Arcángel Gabriel	29
Arcángel Haniel	32
Arcángel Jeremiel	34
Arcángel Jofiel	36
Arcángel Metatrón	39
Arcángel Miguel	43
Arcángel Raguel	45
Arcángel Rafael	48
Arcángel Raziel	51
Arcángel Sandalfón	53

Arcángel Uriel	55
Arcángel Zadquiel	57
Ganesh	60
Hilarión	63
Isis	66
Ixchel	69
Kali	71
Krishna	74
Kuan Yin	77
Kuthumi	80
Lady Nada	82
Lakshmi	84
Maat	86
Maha Chohan	89
Merlín	91
Virgen María	94
Palas Atenea	97
Pelé	99
Serapis Bey	104
Paramahansa Yogananda	108
Dios	111
Lista de todos los ángeles y su ámbito de influencia	113

Introducción

Rodeada de amor

Desde pequeña tengo el don de ver ángeles y siempre me ha gustado conversar con ellos. Me hacían sentir segura y protegida, rodeada de amor.
Desde hace tres décadas trabajo codo con codo con los ángeles, los arcángeles, los maestros, los avatares y las diosas. En este libro he intentado presentar a los ángeles que siempre han estado a mi lado en las lecturas de ángeles y a los que quiero mucho.
En este libro presento a cada uno de estos ángeles y al final de cada descripción incluyo una pequeña oración que le ayudará a llamarlos.
El motivo por el que he escrito este libro es mi deseo de crear una herramienta para que todas las personas tengan la libertad y oportunidad de conectar con los ángeles y con Dios.
Por ello he anotado a todos los que siempre están a mi lado y dan el máximo en las lecturas de ángeles. He estado en contacto con todos ellos. Posteriormente he investigado para reunir el máximo de información posible y he escrito una oración con cada uno de ellos. ¡El resultado es este magnífico libro repleto de ángeles!
En caso de que no haya mencionado un ángel que usted considere que debería haber incluido, escríbame y lo incluiré en un segundo libro sobre otras entidades divinas maravillosas. ¡Muchas gracias!
Lea detenidamente la descripción de los ángeles y, si se siente inclinado/a a trabajar con uno de ellos, hágalo. ¡No tenga miedo!
¡Están aquí para ayudarnos!
¡Estarán encantados de poder ayudarle!
Puede trabajar solo con un ángel y orar para que esté a su lado o también con varios ángeles a la vez. Es posible que haya varios ángeles adecuados para la cuestión que le preocupa, eso también

es completamente normal. Usted es plenamente libre para elegir. ¡No es posible equivocarse!
Lo más importante es que los invoque con un corazón abierto, sincero y repleto de amor, de ese modo le acompañarán con sus consejos, acciones y motivación.

En caso de que quiera invocar a un ángel para otra persona, también puede hacerlo. La única norma que debe seguir es tener siempre un corazón abierto, sincero y lleno de amor. Pídale a la entidad elegida que esté al lado de esa persona (también puede pronunciar una oración para ello), pero entonces es muy importante que haga lo siguiente: déles libertad, déjelos ir y que suceda lo mejor.
Nunca debe ser forzado o porque piense que la otra persona necesita exactamente eso y por ese motivo no reacciona.
En ese caso solo se producirá un mayor bloqueo. Por ejemplo, usted invoca a Cristo al lado de una persona. Deje que Cristo cobije a esa persona y después déjela ir. Libérese y deje que Cristo haga su trabajo. ¡Tal vez pueda obrar el milagro con esa persona!

Espero que este libro le aporte mucha paz y deseo que cada vez tenga una mayor confianza en los ángeles para que muy pronto formen una parte importante de su vida y se la faciliten. Espero que sea el inicio de una maravillosa amistad entre usted, los maravillosos ángeles, las diosas sumamente poderosas, los radiantes maestros y avatares y el propio Dios.

¡Espero que se divierta!
De corazón a corazón
Nadine Simmerock

Abundancia

Abundancia se remonta a la mitología romana. Es la maravillosa diosa de la riqueza, la felicidad, la abundancia y el éxito. Posee un cuerno de la abundancia con el que abocará su energía sobre usted cuando la invoque. ¿Qué puedo decir? Todo aquel que la invoca y percibe su energía beneficiosa y repleta de amor queda impresionado.

Es pura, hermosa y acudirá ante cualquier persona que solicite su presencia desde lo más profundo de su corazón. Colabora mano a mano con Lakshmi y, juntas, las dos diosas obrarán milagros en su vida.

Aporta dinero, bienestar y seguridad financiera. Pero no solo eso. Cuando la invoque, debe estar preparado para dejarse guiar por ella. Quiere ayudarnos a sentirnos seguros en nuestro camino, lo cual, como ya sabemos o hemos vivido, no siempre ocurre.

Principalmente puede ayudarnos en situaciones de escasez de dinero. Es entonces cuando toma el mando e intenta guiarnos hacia el amor, la seguridad y la sensación de protección.

Deje atrás sus preocupaciones y entréguese a Abundancia. Déjese envolver por la alegría y con su orientación y amor usted retomará el camino con más fuerza.

- Bienestar
- Seguridad económica
- Protección y orientación segura
- Amor y sensación de protección
- Eliminación de las preocupaciones
- Alegría de vivir
- Abundantes bendiciones

Propuesta de oración:

¡Mi querida y maravillosa Abundancia! Necesito tu ayuda.
(Descripción de la situación)
¡Ven a mi lado y haz que tu poder fluya en esta situación! Quiero ser tan fuerte como tú, dejar atrás mis preocupaciones y colmarme de alegría. Por ello te entrego todas mis preocupaciones, con el conocimiento de que ya no las necesito, de que ya no me ayudan, sino que representan un bloqueo para mí, esta situación y mi vida en general. Gracias por intervenir de inmediato y revelarme que ahora hay alguien que cuida de mí. Ayúdame a abrirme para recibir tus abundantes bendiciones, que viertes sobre mí a través de tu cuerno de la abundancia, y que recibo con la más plena gratitud.
Tú llenas mi vida y mi ser de nueva riqueza, alegría y amor. Eres maravillosa y agradezco tus abundantes bendiciones.

Babaji

Babaji empezó a ser conocido en Occidente gracias al maravilloso libro de Paramahansa Yogananda, *Autobiografía de un yogui*. A través de Babaji, el maravilloso Yogananda recibió el encargo de enseñar el *kriya yoga* también en Occidente. Sus enseñanzas persisten hasta el día de hoy y siguen creciendo año a año (para más información, consulte el apartado sobre Yogananda).
Babaji también es conocido como "el maestro inmortal". Esto no significa que no haya muerto, sino que su cuerpo ha ascendido a las esferas celestiales. Todavía hoy se relatan sus apariciones ante ciertos devotos. Babaji es la personificación de mi amado Dios. Es amor divino y puro. Lo amo y le tengo un gran respeto y aprecio. La función de Babaji es conducir a las personas hasta Dios, ya que en realidad es de donde procedemos y a donde regresaremos. Cuando hablo de Dios no hablo en absoluto de religión. Todos deberíamos cuidar nuestra relación con Dios.
Si quiere mantener una comunicación más clara con Dios y abrirle su corazón, llame a Babaji. Él le apoyará y le guiará.
Le amo por encima de todo. Nos regala amor, abre los corazones y nos ayuda a crecer espiritualmente.
¡Es maravilloso!

- Crecimiento espiritual
- Lucidez
- Abertura del corazón
- Amor divino puro
- Comunicación clara con Dios

Propuesta de oración:

Querido Babaji, abre con cuidado mi corazón para que pueda enviaros a ti y a Dios mi amor puro. Gracias por estar a mi lado y sanarme. ¡Conquista mi pequeño corazón atormentado, haz que crezca y se colme de amor divino!
Transmitiré este amor por el mundo y volverá a mí multiplicado para que yo pueda seguir transmitiéndolo.
Gracias por acercarme a Dios y a su amor sanador. Gracias por ayudarme a establecer un contacto directo con Dios. ¡Es maravilloso y me llena de alegría!
Te doy las gracias desde lo más profundo de mi corazón por tu lucidez y por ayudarme a crecer desde el interior.

Buda

Buda es maravilloso y es un ejemplo para muchas personas. Su objetivo en la vida fue poner fin al dolor. Quería lograr una liberación real y experimentó varios caminos hasta encontrar el suyo. Meditó incansablemente, principalmente bajo un árbol de Bodhi, donde se juró a sí mismo que no volvería a levantarse hasta alcanzar la iluminación.

Así, meditó profundamente y fue capaz de reconocer sus vidas anteriores, la infinidad de la vida. Y descubrió que es posible liberarse del sufrimiento por medio de la paz interior. Más adelante también descubrió el "camino medio", es decir, la moderación, la clave para una vida feliz y equilibrada.

Cuando se le invoca, se percibe de inmediato su paz y armonía. Le ayudará a encontrar el "camino medio" también en su vida diaria, en las tareas que debemos completar, y a encontrar el tiempo para meditar profundamente y conectar con Dios.

- Meditación
- Encontrar la paz en uno mismo
- Armonía y equilibrio
- Alegría
- Crecimiento espiritual y unión con Dios

Propuesta de oración:

Querido Buda, desde lo más profundo de mi corazón te pido que me guíes con tu afecto para lograr el crecimiento espiritual. Ayúdame a llevar una vida equilibrada, armónica, con tiempo suficiente para una meditación profunda. Quiero sumergirme en tu paz y me dejo guiar por ti. Gracias desde lo más profundo de mi corazón.

Cristo

Es el hijo de Dios e ¡irradia un amor inmenso! Jesucristo es realmente uno de los maestros más conocidos. Casi todos conocemos la historia de su nacimiento, vida, crucifixión y resurrección.

Principalmente en la época de Navidad, la conciencia sobre Cristo es muy palpable. Este período está repleto de sus bendiciones. Desde un punto de vista simbólico, el tronco del árbol de Navidad es comparable con nuestra columna vertebral y las raíces del tronco simbolizan los chacras de nuestros pies. El extremo superior del árbol con la estrella de Oriente encima simboliza nuestro Tercer Ojo abierto. Por este motivo, tal vez podríamos invertir este tiempo en nosotros mismos y retirarnos a meditar. Su crucifixión no representó la victoria de sus adversarios, sino que, mediante su resurrección, demostró que ÉL es el hijo de Dios y que no se le puede hacer daño. Él, y nosotros, somos inmortales. También encarna el auténtico perdón. ¿No cree usted que podría haber vencido a sus adversarios con una sola mano? En cambio, dijo: "perdónales, Dios, por qué no saben lo que hacen" y así fue como los perdonó a todos. Por ello, Jesucristo puede serle muy útil en el proceso del perdón. El perdón consiste en liberarse y eso es lo más importante en la vida, pero también lo más difícil, lo reconozco. Muchas personas tienen dificultades para perdonar. Gracias a Cristo he aprendido a verlo de la forma siguiente: tenía expectativas en torno a otra persona, pero no las cumplió. No me siento querido/a, me siento rechazado/a, decepcionado/a, herido/a o incluso engañado/a. Pero en realidad fui yo quien me engañé a mi mismo/a con mis expectativas. Tenía una expectativa que la otra persona no pudo o no quiso cumplir y ahora me aferro a mi decepción, mi ira o amargura y no quiero soltar a la persona que me ha "herido". Nos envenenamos a nosotros mismos y es así como se producen las heridas y los nudos kármicos, con los que luchamos con uñas y dientes para liberarnos. Pero solo cuando decidimos no envenenarnos más y nos soltamos puede producirse realmente el perdón. Poco a poco también conseguimos dejar atrás a los demás y, principalmente, liberarnos de nuestras propias emociones bloqueadas.

Amo a Dios. Me ha acompañado durante toda mi vida y estoy muy agradecida por tenerle a mi lado. Ya me ha ayudado en varias situaciones sin solución. Atraiga la energía de Cristo a su vida. Hágalo a diario y verá como poco a poco algo va cambiando en usted y su entorno. La energía de Cristo vive en nosotros y debemos despertarla. Active la parte de Cristo que habita en su interior. ¡Se desencadenará una enorme vibración! Se activará su llama divina y esta vibración desatará fuerzas indescriptibles.

¡Será entonces cuando podrán ocurrir realmente los milagros!

- Perdón
- Sanación
- Fuerza milagrosa
- Conexión con Dios
- Liberación
- Paz

Propuesta de oración:

La paz de Jesucristo fluye ahora en mí y todo está bien.

La paz de Jesucristo fluye en mi corazón, recibo el perdón y puedo perdonar.

La paz de Jesucristo llena mi corazón y me siento en paz con (nombre de la persona).

¡El espíritu de Cristo que habita en mí logrará de inmediato resultados reales!

¡Mi vida no tiene límites, ya que Jesucristo es mi fuerza sanadora!

¡Lo lograré! ¡La parte de Cristo que habita en mí es la fuerza que me llevará hacia el éxito!

El poder milagroso de Jesucristo fluye en (especifique la situación) y logra resultados reales.

El poder milagroso de Jesucristo fluye en todas las partes involucradas en la situación y todo estará bien.

No puedo lograrlo por mí mismo/a pero la parte de Cristo que hay en mí sí que puede y lo pondrá todo en orden.

¡Jesucristo me conduce hacia las personas/el lugar/el trabajo adecuados!

Diana

Diana es una diosa lunar fantástica y poderosa. Es la diosa de la fuerza, el poder y la abundancia, pero también de la fertilidad. Por este motivo, es una magnífica ayuda para todas las mujeres que desean quedarse embarazadas, pero también para todas las personas que quieren iniciar un nuevo proyecto o empresa. A todos ellos les brinda la ayuda que necesitan.

Es tan luminosa y radiante que logra borrar todos los miedos y preocupaciones. Por decirlo de algún modo, lleva a cabo una limpieza. Y digo limpieza porque así pude presenciarlo por primera vez en el Templo de Diana en Éfeso, Turquía. Se apareció ante mí, poderosa, fuerte y purificadora, con el arco y la flecha en la mano. Según reza la leyenda, las diosas y sacerdotisas superiores llevaban a cabo limpiezas sanadoras en el templo. Precisamente fui testigo de cómo se aparece y limpia las preocupaciones y los miedos hasta eliminarlos y transformarlos en fuerza, poder, abundancia y fertilidad.

En el templo de Éfeso dejé que me limpiara. Eliminó muchos de mis miedos y preocupaciones y los transformó en fuerza.

Me gustaría destacar que funciona especialmente bien con los miedos a hablar y comparecer ante un público, el miedo al rechazo, etc. Es especialmente útil para los casos en los que nos retraemos por el miedo, por lo que nuestro potencial se reduce.

Invóquela si los miedos dominan su vida, si tiene tendencia a preocuparse demasiado, desea iniciar un nuevo proyecto, tener un hijo o simplemente si necesita una guerrera a su lado.

- Maternidad/embarazo/nacimiento
- Eliminación de miedos/preocupaciones
- Miedo al público
- Obtención de fuerza, poder, abundancia y fertilidad

Propuesta de oración:

Diana, afectuosa guerrera: ven a mi lado y llévate todos mis miedos y preocupaciones. Estoy preparado/a para liberarme, puedes sumergirte en lo más profundo de mi ser y eliminar todos los miedos, preocupaciones y dudas que todavía existen en mi interior.
Me gustaría resplandecer como tú. Purifícame también en esta situación: (descripción de la situación). Sé que debo liberarme, pero no lo he logrado hasta ahora, ya que la energía negativa se adhería a mí. Gracias por limpiarlo y purificarlo todo: a mí y esta situación. Me libero y te lo entrego todo a ti para poder explotar mi auténtico potencial, mi auténtico yo, mi poder y mis fuerzas. Eres el ejemplo que me ilumina y te sigo para que la abundancia, la sabiduría y el amor colmen mi vida.
¡Muchas gracias, maravillosa Diana!

Djwal Khul

Djwal Khul es un maestro ascendido y trabaja codo con codo con el arcángel Rafael y el maestro Hilarión. Son grandes sanadores y Djwal Khul se entrega de corazón. La primera vez que se me apareció quedé hipnotizada por su corazón de luz verde esmeralda. En pocos segundos me vi envuelta por esa luz y tuve la sensación de flotar. Es un gran sanador y acude ante cualquier persona que tenga el corazón roto, sea cual sea la razón.
Su mensaje es muy claro: "¡actúa desde el corazón!"
Nos da la oportunidad de mirar hacia nuestro interior y conocernos por dentro. Nos puede mostrar el camino para liberar el ego y así poder actuar desde el corazón.
Déjese hechizar por él. Su luz le sanará y, en caso de que trabaje en el ámbito de la sanación, estará a su lado.

- Sanación
- Sanación del corazón
- Ayuda a los que trabajan en la sanación
- Actuar desde el corazón
- Colaboración con el arcángel Rafael y el maestro Hilarión

Propuesta de oración:

Querido Djwal Khul, sanador de la luz verde esmeralda: te quiero y te agradezco que sanes mi corazón herido/roto. Elimina las heridas, la tristeza, la desesperación y el dolor de mi corazón. Concretamente, la situación dolorosa es la siguiente (descripción de la situación). Estoy tan profundamente herido/a, que me duele el corazón.
Gracias por tu disposición a ayudarme y revitalizar mi corazón. Ilumíname con tu luz verde y tu amor, ayúdame a curar las heridas y a sentir de nuevo. Gracias a tu protección y sanación puedo volver a abrir lentamente el corazón y siento que la alegría palpita, no solo en mi corazón, sino también en todo mi ser.
¡Gracias, querido Djwal Khul!

El Morya

El Morya también es un maestro ascendido. Irradia una luz increíblemente potente, la luz divina. Nos ayuda a conectar con nuestra voz interior y a seguirla. "Gana confianza", le escucho decir siempre durante las innumerables lecturas de ángeles para mis clientes. Su gran deseo es que confiemos más en nosotros y que sigamos transmitiendo esa confianza. Toma nuestras preocupaciones y las transforma en confianza. ¡Su luz es tan fuerte, tan purificadora! Es increíble.
Además es una gran bendición para las personas que son sumamente sensibles, ya que las envuelve en una maravillosa luz protectora y les ayuda a desprenderse de la sensibilidad que están experimentando en ese momento, a aceptarla y enfrentarse al mundo con positivismo.
Su luz tiene un fuerte poder purificador y de hecho en ocasiones incluso favorece la purificación del organismo. Asimismo, puede deshacer los bloqueos de energía. Por eso, si tiene la sensación de que hay una persona que le vigila de cerca, puede pedir su ayuda. Es capaz de separar los denominados *hilos energéticos* por usted. ¡En pocas palabras, es grandioso e iluminador!

- Conexión con la voz interior
- Ganar confianza
- Protección, conexión con la tierra, centrarse
- Nuevo inicio
- Purificación
- Separación de hilos energéticos

Propuesta de oración:

Milagroso El Morya, maestro iluminador: ven a mi lado y envuélveme con tu luz radiante y divina. Eres poderoso y sé que me ayudarás a purificarme a mí y a todo lo que me rodea.
Te necesito especialmente en esta situación (descripción de la situación) y te pido, no solo que me purifiques a mí, sino también a todas las personas involucradas.
Separa y elimina todas las posibles uniones de energía con otras personas, devuélveme mis energías y entrega todas las energías extrañas a las personas a las que pertenecen. Me libero de ellas y de aquello de lo que ha llegado el momento de liberarse. Confío plenamente en ti.
Gracias por llenarnos y recargarnos de energía a mí y a todas las personas que están involucradas en esta situación. ¡Gracias por este nuevo comienzo!
Protégeme de las influencias y pensamientos negativos en mi camino, ayúdame a permanecer centrado/a en cualquier situación y a confiar en mi voz interior.
Te doy las gracias desde lo más profundo de mi corazón y emprendo mi camino con positividad y sintiéndome protegido/a.

Arcángel Ariel

El arcángel Ariel es el primer arcángel que describiré. Ariel es un arcángel femenino y su nombre significa "la leona de Dios". Como su nombre indica, es tremendamente fuerte, valiente y protectora. Aporta mucho valor y confianza en uno mismo y su mensaje es el siguiente: "sé valiente y confía en ti para vivir tus sueños. Principalmente, sé fiel a ti mismo". Es maravilloso tener a alguien al lado que transmita este mensaje. Refuerza los chacras de los pies con su poder y con el tiempo las personas sienten que poseen y están protegidas por una base más sólida y segura.
Nos ayuda a desempeñar nuestras tareas en la vida, a no abandonar cuando algo no acaba de funcionar. Si la invoca, se beneficiará inmediatamente de su protección. Estará a su lado como una leona junto a sus cachorros.
Está llena de amor y ama a todos los seres vivos. No solo a las personas, sino también a todos los animales y la naturaleza. Si tiene un animal, será una buena maestra y una gran ayuda a la hora de criarlo. Si tiene la sensación de que su labor en la vida está relacionada con los animales o la naturaleza, invoque al maravilloso arcángel Ariel y le mostrará el camino.

- Valor y autoconfianza
- Vivir los sueños
- Ser fiel a uno mismo
- Protección
- Conexión con los animales y la naturaleza

Propuesta de oración:

Arcángel Ariel, eres poderoso y bello. Te pido que vengas a mi lado y me protejas para que reúna el valor y la confianza en mí mismo/a para vivir mis sueños y valerme por mí mismo/a.
Te pido que me liberes de todos los obstáculos que todavía me impiden hacerlo. Gracias por tu cálida protección y por animarme a ser yo mismo/a.
En caso de que exista una situación o una persona que quiera impedírmelo, te ruego que la apartes de mi camino. Muéstrame qué debo y puedo cambiar para poder vivir y ser.
Gracias por revitalizar los chacras de mis pies y crear unos nuevos fundamentos basados en el amor y la confianza en uno mismo y en los demás.
Tú me indicas el camino correcto y de la felicidad y lo liberas de cualquier obstáculo. Gracias por mostrarme el camino en la vida y darme la fuerza y la valentía para desempeñar la labor de mi vida, al igual que tú. ¡Muchas gracias!

Arcángel Azrael

¡Oh! El arcángel Azrael es un arcángel encantador, sensible y gentil. ¡Me apasiona! Su nombre significa "aquel a quien Dios ayuda". Suena magnífico, ¿no? Es realmente lo que hace, ayudar a todos. Es maravilloso contar con él y atrae la luz en todas las situaciones. Su luz es relajante, por lo que puede ser tremendamente útil para los problemas del sueño. Nos envuelve de modo que estemos preparados para liberarnos de los problemas que no nos dejan dormir y podamos conciliar por fin un sueño profundo. Con su forma de proceder reservada y repleta de amor, principalmente sana nuestros corazones de las preocupaciones, las dificultades, la desesperación y la tristeza.

El arcángel Azrael es un ángel que puede ayudarnos en procesos de muerte o también de pérdida. Por ejemplo, me refiero a una separación, cuando llevamos a un hijo/a a la guardería y nos resulta difícil dejarlo o cuando un ser querido se muda. En todos estos procesos de separación, el arcángel Azrael nos ayuda con su luz resplandeciente.

Con dicha luz, también da un gran apoyo a todos los servidores de la luz.

- Ayuda en todas las situaciones, especialmente en un proceso de muerte/separación
- Iluminador
- Mejora del sueño
- Ayuda para los servidores de la luz
- Liberación de preocupaciones, dificultades, desesperación y tristeza
- Sanación del corazón

Propuesta de oración:

Mi querido y radiante arcángel Azrael: ven a mi lado y consuélame. Libéranos a mí y a mi corazón de las preocupaciones, las dificultades, el dolor, la desesperación y la tristeza.
Actúa en esta situación (descripción de la situación dolorosa) y sáname. Ayúdame a dejar atrás mis lágrimas. Ayúdame a liberarme del dolor que me ha producido esta situación. Estoy preparado/a para dejar atrás el dolor y entregártelo a ti.
Espiro de forma consciente y profunda y me libero de todo lo antiguo que generó la preocupación, las dificultades, el dolor, la desesperación y la tristeza en mi corazón.
¡Muchas gracias, Azrael!
Poco a poco soy capaz de reabrir los ojos ante la novedad. Con tu inestimable ayuda mi corazón se abrirá de nuevo para reconocer tu amor y tu luz y percibir todo el amor y la belleza que me esperan o que incluso ya tengo ante mí.
Gracias por darme valor y permitirme seguir mi camino fácilmente y con alegría.

Arcángel Chamuel

Mi querido arcángel Chamuel es un magnífico vigilante y sanador. Es uno de los seis arcángeles originales y su nombre significa "aquel que ve a Dios". Lo ve todo y tiene una luz increíblemente clara y potente. Por ello, puede ayudarnos a ver con claridad y reconocer cualquier situación. Principalmente, es capaz de encontrarlo todo: objetos perdidos, un trabajo, un alma gemela, una misión en la vida, la paz interior, etc.
Una vez una clienta me contó que no encontraba el reloj que había heredado de su abuela. Estaba fuera de sí y naturalmente no estaba centrada ni abierta a dejarse ayudar por el arcángel Chamuel. Le aconsejé que se sentara un momento, respirara profundamente y pidiera ayuda desde lo más profundo del corazón. A continuación, tenía que "olvidar" el reloj por un día y dejar espacio al arcángel Chamuel para que lo encontrara. ¿Sabe qué ocurrió dos días más tarde? Me llamó y me explicó que era increíble, que lo había encontrado debajo de la cama, pero que nunca antes había mirado ahí y estaba segura de que nunca había estado ahí. No obstante, le pidió ayuda al arcángel Chamuel, se lo entregó todo y dos días más tarde, de repente, tuvo un impulso: "mira debajo de la cama". ¡Y ahí estaba su querido reloj!
¡Con el arcángel Chamuel ocurren estos milagros!
Al invocarle, él le centrará de inmediato en el presente y usted percibirá su paz y amor. Puede manifestarse como una sensación de ligereza inmediata o en forma de mariposas en el estómago. Con el arcángel Chamuel todo parece más ligero y lleno de amor. Nos ama y nos muestra que solo el amor es real. Invóquelo. ¡Es posible que vuelva a enamorarse de la vida!

- Paz interior
- El amor es real
- Ayuda para ver las situaciones con claridad
- Encontrar objetos perdidos
- Encontrar un alma gemela
- Encontrar un trabajo, etc.

Propuesta de oración:

Mi querido arcángel Chamuel, TÚ que todo lo ves y encuentras: parece que no soy capaz de encontrar (el objeto perdido/mi alma gemela/un nuevo trabajo/nuevos amigos/nuevos contactos de trabajo) con mis fuerzas.
Estoy desesperado/a porque busco una solución desde hace demasiado tiempo.
Despeja mi camino de todo aquello que me impide encontrar lo que busco. Gracias por estar a mi lado y, si debo modificar una conducta o cualquier otra cosa para solucionar esta situación, te pido que me orientes y te seguiré. Estoy dispuesto/a mejorar y a modificar todo lo que sea necesario para encontrar el camino adecuado.
Por favor, acompáñame en esta situación, tranquilízame, céntrame y alivia mi dolor, porque sé que en realidad no se ha perdido nada y tú podrás encontrarlo todo por mí. ¡Está todo ahí! Inspiro amor y te envío mi confianza. ¡Me dejo guiar por ti y con tu ayuda encontraré lo que busco o algo incluso mejor!
¡Muchas gracias!

Arcángel Gabriel

Arcángel Gabriel significa "Dios es mi fuerza". También está considerado como el mensajero de Dios. Gabriel es el segundo arcángel femenino. Está considerado como el mensajero de Dios, ya que, por ejemplo, transmitió a María el mensaje del nacimiento de su hijo Jesús o dictó el Corán a Mahoma (el Corán es el libro sagrado del islam).
Lo cierto sobre Gabriel es que posee una fuerza femenina muy poderosa, ayuda gustosamente a los padres y al mismo tiempo es uno de los arcángeles más fuertes y poderosos. Al invocarle notará rápidamente que en su interior nace una fuerza y un espíritu emprendedor que deseará explotar de inmediato.
Como hemos visto, nos encontramos ante un arcángel con muchos talentos. En resumen, gracias a su feminidad es un maravilloso apoyo para todas las mujeres durante el embarazo y el parto, es muy amoroso y puede ser muy útil en el trabajo con nuestro niño interior. Asimismo, como he mencionado anteriormente, es muy beneficioso en la relación entre padres e hijos.
Otro de sus talentos es apoyar a las personas cuya labor en la vida es la comunicación, el arte o los escenarios.
En caso de que usted sea escritor, artista, actor, periodista (en la televisión o la radio), bailarín, músico, etc., puede pedirle al arcángel Gabriel que le oriente, le acompañe y le ayude y efectivamente le ayudará a liberar su talento y le apoyará para que se sienta más seguro sobre el escenario.
Lo invoco siempre a mi lado para el trabajo y la escritura. Me acompaña en cada uno de mis proyectos y me ayuda a escribir con un espíritu emprendedor para que encuentre la lucidez, la fuerza y el tiempo necesarios para escribir, además de llevar a cabo mis múltiples obligaciones y cuidar de mis cinco hijos. Es maravilloso y puede cambiar nuestra vida, ya que transmite una fuerza que genera unas ganas imparables de actuar.

Si invoca al arcángel Gabriel se dará cuenta, no solo de sus singulares ideas, sino de su capacidad para abrir canales creativos y energías capaces de mover montañas.
En cualquier caso, espero que disfrute con esta multitud de maravillosos talentos.

- Embarazo y nacimiento
- Feminidad
- Relación entre padres e hijos
- Trabajo con nuestro niño/a interior
- Acompañamiento en todos los proyectos artísticos
- Escritura
- Periodismo, trabajo en la televisión/radio
- Presencia en el escenario

Propuesta de oración:

1) Querido arcángel Gabriel, te pido que acudas a mi lado y me ayudes (en mi embarazo/parto/a mi hijo o hija/en el trabajo con mi niño interior) (descripción de la situación difícil). Lléname de tu fuerza y poderoso amor y ayúdame a reconocer la verdad. Sé que estás ahí y que me ayudarás a solucionar y purificar esta situación. Estás a mi lado como un *coach* afectuoso y poderoso y te lo agradezco. ¡Muchas gracias!

2) Querido arcángel Gabriel, te quiero y te doy las gracias por tu disposición a ayudarme en (descripción del proyecto). Te ruego que abras mis canales creativos, mi mente y mi corazón para que tenga ideas únicas, claras y maravillosas y que elimines todos los obstáculos que se encuentran en mi camino, por ejemplo, (miedo/preocupación/duda).
Dame la energía, la inspiración y la motivación suficientes para dar lo mejor de mí mismo/a. Estoy feliz de que estés a mi lado, de que me abras puertas desconocidas mientras sigo la llamada de mi corazón, doy lo mejor de mí mismo/a y completo mi proyecto. Muchas gracias, querido arcángel Gabriel. ¡Te quiero!

Arcángel Haniel

El arcángel Haniel posee la fuerza y la energía de una diosa lunar. Sí, también es un arcángel femenino, femenino y maravilloso, y su nombre significa "la gracia de Dios". Haniel nos ayuda a través de su gracia, profundo respeto y amor, a sentirnos seguros y queridos. Mientras lee estas líneas, podrá percibir su energía y cómo puede ayudarle. Nos envuelve en un dulce manto de energías maravillosas. Nos hace sentir comprendidos, queridos y acogidos de inmediato, del mismo modo que una madre nos envuelve con su comprensión.

Nos hace sentir plenos y nos ayuda, por ejemplo, en el caso de que hayamos perdido a nuestra madre o nunca hayamos tenido una madre afectuosa a nuestro lado. Es entonces cuando Haniel entra en acción para llenar este vacío. Por medio de su feminidad y la energía de la luna es el ángel perfecto para todas las chicas, mujeres y madres, así como para los hombres que desean ser más tiernos y afectuosos.

Nos orienta para que nos relacionemos con otras personas y en múltiples situaciones con gracia, sabiduría, respeto, amor y serenidad. Nos muestra que se llega mucho más lejos con encanto y respeto que con la lucha y la terquedad. Atraerá la belleza a su vida, ya que posee un magnetismo increíblemente divino.

- Aporta feminidad, gracia, sabiduría, respeto, amor, serenidad, encanto y belleza
- Ciclo lunar
- Ayuda a los hombres a ser más tiernos y afectuosos
- Resolución de situaciones o conflictos complicados
- Magnetismo divino

Propuesta de oración:

Gloriosa Haniel, eres todo gracia, sabiduría, respeto, amor, serenidad, carisma y belleza. Ayúdame a ser como tú y dame tu energía maravillosa y divina en esta situación (descripción de la situación o nombre de una persona).
Envuélvenos en tu manto de bendiciones divinas a mí y a esta situación/persona, para guiar nuestras palabras, pensamientos y acciones y traernos la paz. ¡Todo va bien! Todo estará sanado y equilibrado.
¡Gracias por tu rápida ayuda!
Me siento seguro/a y protegido/a. Da igual a quién conozca o con quién hable, a partir de ahora transmitiré de todo corazón tus bendiciones divinas, tu amor, gracia, sabiduría, respeto, serenidad, encanto y belleza para llenar el corazón de otras personas. Te doy las gracias desde lo más profundo de mi corazón por tu ayuda y para que tu magnetismo divino atraiga solo energías buenas, positivas y beneficiosas hacia mi vida.
¡Gracias!

Arcángel Jeremiel

El arcángel Jeremiel es uno de los siete arcángeles originales y su nombre significa "la piedad de Dios". Invóquelo a su lado, rápidamente se sentirá envuelto por su piedad. Fluye hacia los chacras de los pies, desde donde esparce su luz por todo nuestro organismo y sistema energético. Gracias a él nos sentimos automáticamente llenos de paz, equilibrados y relajados y podemos abandonar cualquier energía negativa. Nos ayuda a sanar todo aquello que está desequilibrado y es una bendición en estos tiempos cambiantes.

Yo invoco al arcángel Jeremiel siempre que realizo una terapia de *tapping* con un cliente, porque es muy útil para liberar las energías negativas. Su ámbito de sanación se sitúa principalmente en los chacras de los pies (donde se encuentran los recuerdos negativos, el karma y los *shocks*) y el chacra del corazón (donde se encuentran las emociones). Su piedad nos permite encontrar la paz, construir unos nuevos fundamentos llenos de amor, confianza en nosotros mismos y en los demás, para que podamos enfrentarnos a un futuro maravilloso. Simplemente es fantástico.

- Piedad en cualquier situación
- Útil en la terapia de *tapping* de meridianos
- Liberación de emociones negativas
- Creación de unos nuevos fundamentos, llenos de amor y confianza en nosotros mismos y en los demás

Propuesta de oración:

Mi querido y misericordioso arcángel Jeremiel: envuélveme con tu amor y ayúdame a desprenderme de estas emociones negativas (descripción de la situación). Me impiden seguir adelante y por ello te pido desde lo más profundo de mi corazón que me ayudes a eliminarlas por completo. Estoy preparado/a, ya no necesito esta negatividad y te la entrego junto con todas las preocupaciones, miedos, dudas y tensiones que la acompañan.
Muchas gracias por tu maravillosa ayuda, por revitalizar los chacras de mis pies y reconstruir la base que constituyen.
Gracias por crear unos nuevos fundamentos llenos de amor y confianza en mí mismo y en los demás, por sanar mi corazón con tu piedad para que pueda iniciar un futuro nuevo, pleno y mejor.
Tú me orientas y me guías de forma segura para proseguir con mi vida y me ayudas a conocer personas y tener experiencias repletas de amor.
¡Muchas gracias, maravilloso arcángel Jeremiel!

Arcángel Jofiel

El arcángel Jofiel es otro arcángel femenino y su nombre significa "la belleza de Dios".
Hace honor a este nombre ya que, no solo es hermoso y delicado, sino que también intenta proteger nuestros pensamientos, mundo interior, el exterior, las experiencias que vivimos y, en definitiva, toda nuestra vida. ¡Si está a nuestro lado la vida es realmente mucho más bella! Merece la pena llamar a este ángel maravilloso. Sus pensamientos florecerán de nuevo y, si trabaja con afirmaciones, inmediatamente serán más poderosas y positivas. Jofiel es muy delicado y puede penetrar profundamente en nuestros pensamientos. Aporta armonía ante el caos, las inquietudes o los pensamientos negativos. Nos envuelve despreocupadamente con su belleza y su energía es como una fresca brisa marina. Ve la belleza en todo y puede ayudarnos a liberarnos y a eliminar todas aquellas cosas, modelos, pensamientos y comportamientos innecesarios. Gracias a su positividad, belleza y al talento creador resultante nos proporciona un nuevo coraje y ligereza. Nos resultará más fácil expresarnos y mostrar nuestro potencial.
No desea que nos quedemos atascados en los miedos y preocupaciones. Por ello, si lo dejamos entrar en nuestra vida, dejará entrar tanta energía positiva y belleza que sentiremos la necesidad de crear algo útil, creativo y hermoso. Una vez me dijo: "no sirve de nada recrearse en lo negativo. Las personas deben levantarse y esforzarse por hacer algo creativo. Sé creativa y ten confianza para romper con lo negativo".
También nos acompañará en cualquier proyecto artístico. Atrévase a invitar al arcángel Jofiel a su vida. La llenará de belleza y ese es un regalo increíble.

- Aporta belleza en todos los ámbitos
- Pensamiento positivo (útil para las afirmaciones)
- Positividad
- Liberación de elementos, patrones, pensamientos y conductas negativos
- Promueve la creatividad y la fuerza creativa
- Acompañamiento en proyectos artísticos

Propuesta de oración:

¡Querido arcángel Jofiel, belleza divina! Ven a mi lado e inunda mis pensamientos, mi corazón y todo mi ser con tu belleza.
Ayúdame en esta situación: (descripción de la situación).
Gracias por eliminar mis preocupaciones, miedos, modelos, pensamientos y comportamientos negativos, es decir, todo lo que supone una carga para mí o me retiene en esta situación concreta, y reemplazarlo todo con tu belleza.
Ya no quiero derrochar mi energía en lo negativo. Con tu ayuda lograré concentrarme en la belleza y la fuerza positiva de mis pensamientos. Soy creativo/a y positivo/a y puedo lograr todo lo que me proponga. Percibo la belleza y la luz de tu fuerza en mí y en todas las personas que conozco hoy.
Gracias por tu ayuda y por mejorar mi vida. ¡Eres maravilloso!

Arcángel Metatrón

Tal vez ya se hayan dado cuenta de que solo existen dos arcángeles cuyo nombre no termine en -*el*. Son el arcángel Metatrón y el arcángel Sandalfón. El sufijo -*el* significa "de Dios". Como hemos podido ver anteriormente con Jofiel, "la belleza de Dios", o Jeremiel, "la piedad de Dios".
Originalmente, el arcángel Metatrón y el arcángel Sandalfón eran mortales. Metatrón es el más joven de los arcángeles y en su vida como mortal fue el profeta Enoc, que recibió el Libro de Raziel, una escritura sagrada sobre la creación de Dios. Esta escritura sagrada fue redactada por el arcángel Raziel y transmitida posteriormente a Adán, Noé, Salomón y también a Enoc. Se cuenta que desde entonces Enoc ascendió inmediatamente al cielo y Dios le prestó unas alas. Se convirtió en un arcángel poderoso, llamado Metatrón. Su nombre significa "el profeta de Dios".
La energía de Metatrón es increíblemente fuerte y poderosa, impetuosa y enérgica. Cuando se le invoca, no hay peros que valgan. Posee una fuerza arrolladora y su energía es como un rayo láser. En caso de que nos encontremos en una situación de absoluta emergencia en la que aparentemente no haya salida, Metatrón nos ayuda con su fuerza única, focalizada y arrolladora. Nos ayuda a superar el miedo a la muerte y con su ejemplo nos muestra que todos somos inmortales.
También es de gran ayuda para los niños. Ayuda a los niños con dificultades de aprendizaje y facilita la comunicación de los padres con sus hijos, ya sea en el caso de dificultades de aprendizaje, durante el estirón o en la pubertad.
Con frecuencia los niños con dificultades de aprendizaje solo son niños que aprenden de otra forma, que están dotados de una gran creatividad o tienen otra forma de pensar y esconden verdaderas cualidades de liderazgo latentes. Por ello llaman la atención y parecen "alterar el orden" de las clases. En esta situación puede

ser útil Metatrón, que entra en escena y devuelve la confianza a los niños, elimina el estrés, refuerza los chacras de los pies, les ayuda a concentrarse y a pensar en cosas relajantes.

Tras un estirón o en la pubertad ocurre lo siguiente: el aura adquiere una tonalidad rojiza determinada. Ello me permite ver que están sucediendo muchas cosas, también a escala hormonal, en la vida de los niños. Esto también ocurre, por ejemplo, con el crecimiento de los dientes en los bebés. En el caso de los niños, este rojo puede hacer que se muestren muy agresivos, caprichosos y negativos. Las niñas también pueden experimentar más ganas de llorar o histerismo. Todas estas emociones deben estar presentes, aunque siempre en la medida adecuada. Por ello, si tiene la sensación de que se está sobrepasando algún límite, por ejemplo, si un niño siempre está enfadado o si una niña se encierra en sí misma y no tiene ganas de hacer nada, debe llamar inmediatamente al arcángel Metatrón.

Con su fuerza y determinación puede modificar las energías en solo unos segundos.

Podría seguir hablando largo y tendido sobre estos magníficos arcángeles. Intente llamarlo cuando se sienta obligado a seguir un camino determinado. Y piense siempre en él en una situación de emergencia.

- Superar el miedo a la muerte
- Problemas con los niños: principalmente dificultades de aprendizaje, estirones o la pubertad
- Problemas con los niños, una ayuda fantástica para los padres
- Situación de emergencia

Propuesta de oración:

1) Querido arcángel Metatrón, ángel poderoso, fuerte, impetuoso y enérgico: te pido que estés a mi lado. Necesito inmediatamente tu fuerza precisa y resuelta. En estos momentos me encuentro en una situación sin salida (descripción de la situación). Realmente no sé cómo continuar y necesito tu ayuda inmediata y poderosa. Seguro que hay una solución pero ahora mismo no la encuentro. Pero sé que siempre hay una solución. Elimina todo aquello que se cierne sobre mí y envíame tu fuerza positiva, tu poder, tu fuego y tu energía. Muéstrame paso a paso tu solución divina y maravillosa.
Tú me ayudas a crecer, con tu ayuda lo lograré y día a día me sentiré más radiante y seguro/a.
¡Hay una solución para mí! ¡Te quiero por encima de todo y te doy las gracias desde lo más profundo de mi corazón!

2) Querido arcángel Metatrón, ángel poderoso, fuerte, impetuoso y enérgico: te pido que estés a mi lado y al de mi hijo/a (nombre). Necesitamos de inmediato tu energía maravillosa y poderosa. Ahora mismo nos encontramos en una situación complicada y sin solución (descripción de la situación).
Realmente no sé qué camino seguir para ayudar a mi hijo/a (nombre). Por eso te pido tu ayuda inmediata y poderosa, para que la hagas fluir en todas las personas involucradas en esta situación. Ahora necesitamos la mejor solución para mi hijo/a.
Tú lo sabes mejor que yo. Elimina todo aquello que se cierne sobre nosotros y envíanos tu fuerza positiva, tu poder, tu fuego y tu energía. Muéstranos paso a paso tu solución divina y maravillosa. ¡Muéstranos el camino correcto!
Tú nos ayudas a crecer, con tu ayuda lo lograremos y día a día nos sentiremos más radiantes y seguros.

¡Te doy las gracias desde lo más profundo de mi corazón y te quiero por encima de todas las cosas!

Arcángel Miguel

El arcángel Miguel es especialmente majestuoso, impetuoso y radiante. Al llamarlo sentirá cómo le invade su calor, que puede ser realmente intenso. Eliminará los miedos y las preocupaciones con su fuego. Nos ayuda a renovar el respeto y la confianza en nosotros mismos y nos llena repentinamente de vitalidad y energía. Su nombre significa "aquel que es como Dios". Miguel es el líder de entre todos los arcángeles, es el responsable de todos los ángeles.

Es el mejor protector de la humanidad. Lo llamo siempre durante mi trabajo, ya que es capaz de purificarlo y aclararlo todo, de separar los hilos energéticos, eliminar los bloqueos y elementos nocivos, además de transmitirnos valor y valentía. Puede transformar cualquier miedo, pánico o preocupación en valor, valentía y fuerza. A mí me gusta considerarlo como el policía de los ángeles y cuando se aparezca, escoltado por su ejército de ángeles, tenga la certeza de que pondrá orden. Se ocupa de la ley y el orden. Las malas energías no tienen nada que hacer. Normalmente aparece con su espada, con la que puede cortarlo todo. No solo purifica su sistema energético. También puede invocarlo para su casa, coche, escuela, jardín de infancia o simplemente cualquier cosa que deba purificarse.

Puede confiar en él. Es un magnífico arcángel que mejorará su vida y le orientará para que confíe en el mundo divino.

- El mejor protector
- El policía de los ángeles
- Elimina todos los hilos y bloqueos energéticos, elementos nocivos, miedos y preocupaciones
- Lo purifica y lo aclara todo
- Aporta coraje, valentía, energía y fuerza
- Vela por la ley y el orden

Propuesta de oración:

Impetuoso arcángel Miguel, protector milagroso: ven a mí, ven con tu ejército de ángeles a mi lado y ayúdame. Necesito una profunda purificación. Estoy dispuesto/a a dejar atrás todo lo que no sea pura luz. Tú y tus ayudantes celestiales podéis eliminar toda la negatividad, los miedos, las preocupaciones, el pánico, los elementos nocivos y los bloqueos. Inspiro y espiro y dejo que las cosas sucedan (espere unos minutos).
A continuación puedes cortar con tu espada todos los hilos energéticos con otras personas. Limpia todo aquello a lo que estaba unido/a. Envía todas las energías de vuelta a las personas a las que pertenecen. Todas las energías que me pertenecen vuelven a mí y están nuevamente a mi disposición.
Es maravilloso que existas.
Lléname de valor, valentía, energía y fuerza y quédate a mi lado. ¡Muchas gracias por tu protección! Gracias de corazón, radiante Miguel.

Arcángel Raguel

El nombre del arcángel Raguel significa "el amigo de Dios". Raguel es maravilloso porque siente debilidad por las personas frágiles, discriminadas y que se sienten solas. Como un buen amigo, está a su lado e intenta aportarles orden y justicia.
Es muy afectuoso, amable y justo. Emite una luz que transmite comprensión y nos cubre como un cálido manto. Es muy bonito tenerlo cerca y percibir su paz.
Sana cualquier tipo de relación y es un buen amigo para reconocer la verdad, para determinar si existe una posible sanación para la relación o si ha llegado el momento de renunciar a la ilusión y dejarla ir. También puede ayudarnos a encontrar nuevos amigos y es maravilloso para las personas que trabajan en equipo. Raguel es un defensor del trabajo en equipo.
Es un ángel dispuesto a ayudarnos, un amigo cariñoso con una disposición ilimitada para ayudar y que no quiere que nos sintamos solos nunca. Es el momento de invocar al arcángel Raguel, que le abrirá los ojos y le mostrará la belleza en su vida, que está rodeado de amigos encantadores y que solo debe abrir las puertas de su corazón para dejarlos entrar.
¡Con Raguel nunca más volverá a estar solo!

- Vela por el orden y la justicia
- Ayuda a todas las personas frágiles, discriminadas o que se sienten solas
- Sanación en las relaciones
- Resolución de conflictos
- Trabajo en equipo (en el trabajo, en la familia, en un equipo deportivo)
- Promueve la amistad

Propuesta de plegaria:

1) Misericordioso, amable y justo arcángel Raguel, gracias por estar a mi lado y guiarme para encontrar la solución en mi relación con (nombre de la otra persona o personas). Por favor, muéstranos a los que nos vemos perjudicados por esta situación cómo podemos transformar nuestras disputas y diferencias en amor, paz y armonía. Sé que en realidad no es necesario pelearse, por ello, dame la fuerza para pasar página, limpia todo aquello que no se corresponde con el amor que hay entre nosotros y ayúdanos a resolver este conflicto. Con tu afectuosa ayuda reconozco ahora la verdad en esta relación. Y, o bien se llena de nuevo de amor y respeto mutuo, o bien ha llegado el momento de dejar marchar a (nombre de la otra persona o personas) y dejar este espacio libre para nuevos amigos de buen corazón y llenos de amor. Sáname el corazón y abre sus puertas para que, bajo tu protección, pueda entrar de nuevo tu amor divino. Este amor divino se expresa a través de mí y atrae hacia mi vida todo lo que necesito para ser feliz.
Es maravilloso tenerte a mi lado. Todo va bien y sé que tú harás lo que es mejor para mí.
¡Muchas gracias, arcángel Raguel!

2) Mi cariñoso, amable y justo arcángel Raguel, ¡me pesa tanto el corazón! Me siento muy solo/a, este no es mi lugar. ¿Qué debo hacer? Da igual lo que haga, me siento solo/a y no tengo amigos que me quieran. Sé que ahora te necesito, por eso te pido que vengas a mi lado y me ayudes.
Por favor, llévate este sentimiento de soledad de mi corazón y todo mi sistema energético. Es posible que también lo arrastre de una vida anterior, por eso te ruego que lo elimines.
Me libero y con tu afectuosa compañía a mi lado, estoy dispuesto a abrir nuevamente los ojos y a rodearme de personas amables y

bienintencionadas. Tú abres las puertas de mi corazón, tu paz me envuelve y me protege, y me convierto en un imán irresistible para relaciones de amistad llenas de amor, paz, armonía y respeto. Tú te preocupas por mi y me guías en el camino para abandonar la soledad, para lograr un sentimiento de conexión.
¡Muchas gracias por tu ayuda y calurosa energía!

Arcángel Rafael

¡Mi querido arcángel Rafael! Tan pronto como lo invoque se verá envuelto por su luz verde esmeralda. En pocos segundos cambia toda la estancia. Hace mucho tiempo que no puedo vivir sin este maravilloso arcángel. Su nombre significa "Dios sana" o "aquel que sana". Rafael es el sanador más poderoso de los arcángeles y acompaña a los médicos, los sanadores y todas las personas que trabajan en el ámbito de la sanación. Si usted trabaja en el ámbito de la sanación, el arcángel Rafael logra que los clientes adecuados encuentren el camino hacia usted. No solo tiene el don de sanar realmente el cuerpo de las personas y los animales, sino que también nos ofrece su orientación en el camino para encontrar la salud. Le motiva la novedad y estar a nuestro lado y orientarnos de forma dulce, delicada, con cariño y amor hasta que comprendamos qué nos conviene, qué nos perjudica y qué debemos cambiar para llevar una vida sana y equilibrada. Esto también es aplicable a cualquier adicción. En el caso del arcángel Rafael, de hecho, también está permitido pedir ayuda para otras personas. Así, en caso de que el afectado por una adicción no sea usted, sino su cónyuge, mejor amigo/a o hijo/a, puede pedir a Rafael que intervenga de inmediato y puede tener la certeza de que, no solo les orientará para hacer lo correcto, sino que principalmente ayudará a la persona adicta a encontrar el camino hacia una vida mejor y más sana.
En el caso de que la persona adicta no quiera o pueda aceptar su afectuosa ayuda, Rafael espera pacientemente a su lado y le da protección.
Con su cálida luz puede purificar el tercer ojo, además de sanarlo o incluso abrirlo. En mis seminarios he podido presenciar con frecuencia que el cariñoso arcángel hace todo lo posible para ayudarnos y el trabajo con el tercer ojo se encuentra dentro de su ámbito de actuación.

Rafael se encuentra también en las escrituras sobre Salomón, en las que entrega un anillo mágico al rey Salomón. Salomón utilizó este anillo para conjurar y eliminar las energías negativas. El arcángel Rafael también nos protege en todos nuestros caminos y viajes por la vida y purifica la Tierra de las energías negativas con la ayuda del arcángel Miguel.

Sin duda, con el arcángel Rafael nos sentiremos seguros, protegidos y acompañados por un poderoso sanador.

- El sanador más poderoso
- Ayuda en las adicciones
- Trabajo con el tercer ojo
- Protección
- Eliminación de energías negativas e inferiores

Propuesta de oración:

1) Querido arcángel Rafael, maravilloso, poderoso, dulce, cariñoso, delicado y cuidadoso sanador: necesito tu ayuda en (descripción de su situación).
Ya no sé qué debo hacer y te pido que me envuelvas en tu maravillosa y poderosa luz sanadora verde esmeralda. Llena todo mi cuerpo con tu luz, envuélveme en tu protección y elimina cualquier situación de adicción. Estoy desesperado/a. Os lo entrego todo a ti y a Dios y dejo que actuéis en esta situación. Prometo estar abierto/a y receptivo/a para vuestra lúcida orientación y sanación llena de amor. Dejo atrás todo lo que no es bueno para mí, ya que os tengo a ambos a mi lado. Paso a paso, gracias a ti y a Dios, conoceré el camino hacia mi nueva salud. Con vuestra ayuda subiré a este nuevo nivel, donde reencontraré la salud que me ha concedido Dios.
Gracias, poderoso sanador Rafael y querido Dios, por vuestra ayuda.

2) Querido arcángel Rafael, maravilloso, poderoso, dulce, cariñoso, delicado y cuidadoso sanador: te pido ayuda para (nombre de la persona). Hazle una visita sanadora y envuélvele en tu maravillosa y poderosa luz sanadora verde esmeralda, además de tu protección. Por favor, elimina todo lo que (nombre) debe dejar atrás para estar sano/a y destruye todos los comportamientos adictivos presentes.
Envíale nuevas esperanzas, fe y confianza en la existencia de un camino hacia una vida sana. Allánale el camino a (nombre) e inúndalo todo con tu poder de sanación divino.
Te doy las gracias por tu intervención y espero que (nombre) se abra a ti, pueda liberarse y recuperar la salud que Dios le ha concedido.
¡Muchas gracias!

Arcángel Raziel

Ya he nombrado recientemente al arcángel Raziel en el apartado sobre el arcángel Metatrón. Raziel anotó todos los secretos de los símbolos y la magia divina en el Libro de Raziel. Trabaja junto a Dios, por lo que conoce todos los secretos del universo. Entregó este libro a Adán, Noé, Salomón y al profeta Enoc, conocido ahora como el arcángel Metatrón.

Su nombre significa "el secreto de Dios". Está lleno de amor, alegría, dulzura e inteligencia divinas y está tan unido a la energía de Dios que al principio muchas personas tienen dificultades con él porque no parece estar tan presente como otros. La verdad es que en seguida está a nuestro lado con su luz blanca pero posee una vibración tan aguda que debemos llamarle con mayor frecuencia para percibir su influencia poderosa, positiva y amorosa.

Cuando uno lo percibe de verdad (todo el amor de Dios) ya no desea dejarlo marchar. Logra que veamos las cosas desde una perspectiva más amplia y nos ayuda a comprender mejor las situaciones. Es capaz de ver más allá, puesto que para él no existen límites. Tiene facilidad para reconocer contextos kármicos y también sanarlos.

Siempre hay un todo, nada es una coincidencia. Todo tiene su explicación y el arcángel Raziel puede transmitírnosla.

Le aportará fuerza y con su ayuda podrá dejar atrás el pasado y crecer espiritualmente. Con su ayuda, ¡sus ideas se convertirán en ORO!

- Amor y magia divinos
- Solución y sanación kármicas
- Adquirir perspectivas más amplias
- Acceso a los secretos divinos
- Crecimiento espiritual
- Las ideas se convierten en oro

Propuesta de oración:

Querido Raziel, TÚ que eres el más cercano a Dios: te ruego que vengas a mi lado y me ayudes a ver esta situación desde una perspectiva más amplia (descripción o mención de las personas involucradas en esta situación preocupante) y a reconocerla.
Te ruego que nos liberes a mí y a todas las personas involucradas de los miedos, las preocupaciones y los pensamientos que nos limitan, así como de los atascos kármicos relacionados y nos sanes con el amor y la magia de Dios.
Te ruego que abras mi mente para recibir el secreto divino del universo y me ayudes a crecer espiritualmente y a comprender para que pueda liberarme de todo aquello que es una carga para mí.
Mi libertad recientemente recuperada me proporciona el espacio para acercarme a Dios porque tú estás muy cerca de Él. Elévame a este nivel divino repleto de luz y de claridad, que me permite crecer y me purifica profundamente.
Os quiero a ti, Raziel, y a Dios.
¡Gracias por vuestra ayuda!

Arcángel Sandalfón

El arcángel Sandalfón es el segundo arcángel cuyo nombre no termina en -*el*. Del mismo modo que su hermano gemelo Enoc, vivió como mortal sobre la faz de la Tierra. Su caso fue como el de Enoc. Con su maravilloso trabajo sobre la Tierra, se ganó la ascensión directa a las esferas celestiales. Ahí fue transformado en arcángel, para continuar su trabajo desde el cielo. Su nombre también significa "el profeta de Dios" y su principal tarea es hacer llegar las oraciones de las personas a Dios.

El arcángel Sandalfón es un ángel muy querido y dulce. Irradia un amor tan profundo, que fluye desde su corazón y nos envuelve como un cálido abrigo. Así, nos ayuda a atraer más amor hacia nosotros mismos y comprensión para los demás. La agresividad y la frustración ya no tienen cabida, ya que todo lo envuelve en su delicada y maravillosa luz turquesa.

También se le relaciona con la música, ya que sus susurros parecen pequeñas canciones. Sin embargo, debe estar atento a estos susurros, ya que en ellos puede ocultarse precisamente la respuesta que está buscando.

Al invocarle, confíe plenamente en él y permanezca en silencio, de lo contrario podría no escuchar el mensaje de este dulce ángel. Tiene una energía muy característica, llena de amor y repleta de dulzura. Él transmitirá todas sus plegarias a Dios y les dará respuesta. Solo requiere de su atención.

- Sanación con amor y dulzura
- Eliminación de la agresividad y la frustración
- Transmisión y respuesta a las plegarias
- Música

Propuesta de oración:

Querido, cariñoso y dulce arcángel Sandalfón, envuélveme con tu maravillosa energía turquesa. Quiero brillar como tú, de puro amor y dulzura. Te ruego que elimines las agresiones y frustraciones que posiblemente me impiden cumplir mis plegarias. Inspiro y espiro, las dejo marchar y te las entrego.
Sandalfón, mi querido portador, tú que respondes a mis plegarias, necesito tu ayuda en (pronuncie su plegaria) y te pido que se lo transmitas a Dios lo antes posible. Muchas gracias por tu ayuda. He dejado marchar y te he entregado todas mis frustraciones y agresiones, por lo que he creado un nuevo espacio para recibir tu dulce orientación y el claro mensaje de Dios que tienes para mí. Ahora estoy tranquilo/a, puedo comprenderte sin problemas y oigo tu música.
Gracias por tu ayuda única y por responder a mi plegaria, que es muy importante para mí.

Arcángel Uriel

El arcángel Uriel es nuestro antepenúltimo arcángel y su nombre significa "la luz de Dios". Pienso que es un nombre precioso y que le hace justicia. Es radiante como el sol y aclara cualquier situación, relación o simplemente una vida entera. Es increíble, lo verá si pide que entre en su vida. Él lo aclara todo, calma los ánimos y allana las irregularidades. Esto también se puede extrapolar al tiempo. Por ejemplo, en el caso de vientos muy fuertes, inundaciones, ciclones, terremotos, etc., puede invocarse al arcángel Uriel e intentará arrojar su luz de inmediato para calmar la tempestad. Fue Uriel quien advirtió a Noé de la inundación que se acercaba, para que tuviera tiempo de construir el arca.
Y quien nos transmitió la Cábala. Posee un conocimiento inmenso y una sabiduría divina pura. No en vano es el arcángel más sabio junto a Raziel. Realmente arroja luz a nuestras vidas con gran rapidez y, gracias a su sabiduría, nos permite encontrar una solución práctica de inmediato. Asimismo, intenta mostrarnos nuevos caminos, nos proporciona nuevos impulsos creativos o hace que una brillante idea acuda a nuestra mente. Con el maravilloso Uriel todo es posible. ¡TODO!

- Aclaración de cualquier situación
- Rápida solución de problemas
- Sabiduría
- Catástrofes naturales

Propuesta de oración:

1) Querido arcángel Uriel, tú que eres tan radiante como el sol. Ven a mí y arroja luz sobre mí, mi vida y esta situación (descripción de la situación). Necesito urgentemente tu sabiduría y orientación. Sé que me concederás mi ruego, que arrojarás rápidamente tu luz divina sobre todas las personas involucradas y, en caso necesario, apaciguarás los ánimos para que vuelva la calma.
Así podré ver mejor qué es correcto o incorrecto. Estoy abierto/a y receptivo/a a la información que me hagas llegar sobre esta situación. Ayúdame con tu amor a tomar una decisión sabia y ponderada. Guía mi corazón para que haga lo correcto. Agradezco profundamente tu ayuda y te pido que me sigas iluminando con tu luz divina hasta que la paz divina fluya en esta situación.

2) Querido arcángel Uriel, por desgracia hay un horrible temporal en (lugar y descripción de la situación). Por favor, calma los ánimos de la tormenta y el tiempo. Por favor, intenta aclararlo todo, otórganos tu protección a mí y a todas las personas y animales que debemos resistir la tormenta. Si puedes, absorbe junto con el arcángel Miguel todos los miedos y el pánico, bendice este entorno con tu calma y paz y haz que todos actuemos y reaccionemos con sabiduría.
Muchas gracias por tu ayuda, ángel radiante.

Arcángel Zadquiel

El nombre del arcángel Zadquiel significa "el justiciero de Dios". Tiene una energía misericordiosa que es difícil de explicar con palabras, que debe percibirse en persona. Cuando se le invoca, la energía de toda la estancia cambia en un instante. Pasa a llenarse de amor, piedad, compasión y armonía. De repente sentimos como nuestro corazón se llena de tranquilidad, paz y confianza. Mediante su misericordia y simpatía desaparecen las dificultades, el rencor, los prejuicios, es decir, las experiencias negativas de una situación, de nuestro corazón, y volvemos a sentirnos sanos y curados.

Si tiene dificultades para perdonarse a sí mismo o a los demás y percibe que se le endurece el corazón, invoque a Zadquiel y pídale su ayuda divina.

El perdón significa soltarse, liberarse a uno mismo de las heridas emocionales negativas y presentarse de nuevo ante el mundo con un corazón sano.

A muchas personas les resulta difícil perdonar porque piensan que si lo hacen estarán dando por buena la conducta negativa de otra persona. No obstante, eso no es así, saber perdonar y liberarse es los más inteligente. Si lo hace, significará que ya no está dispuesto a permitir que el rencor, la ira, el miedo y todas estas emociones negativas le envenenen. Usted es quien decide poner fin a este envenenamiento emocional y lograr la paz interior. Por uno mismo.

En este mundo rige un orden, una justicia y una integridad divinas. Es así aunque a veces usted no lo crea o que parezca que la persona que nos ha hecho daño saldrá airosa. No es cierto que todo esté sujeto a una justicia divina y que tarde o temprano se impondrá el orden divino.

El arcángel Zadquiel puede ayudarle a perdonar, será mucho más rápido de lo que usted piensa. Probablemente empezará a disfrutar

cuando perciba el amor, la sanación y la libertad recuperada en su corazón.
Yo utilizo al arcángel Zadquiel también para los viajes. Le invoco en el avión, para que esparza su amor y en un momento me siento más segura y rodeada por su delicada luz.
Mejora las energías de grupo y colma a las personas de paz y comprensión.
Es muy divertido trabajar con el arcángel Zadquiel y ver los cambios en uno mismo y en el exterior.

- Compasión
- Perdón
- Sanación del corazón
- Eliminación del endurecimiento del corazón
- Modificación positiva de la energía en aviones, autobuses, trenes o en agrupaciones de personas

Propuesta de oración:

Maravilloso y cariñoso arcángel Zadquiel, ayúdame a sanar mi corazón y a perdonar. Me doy cuenta de que todo mi rencor, mi decepción, mi ira y el hecho de aferrarme a antiguas situaciones dolorosas no me aportan nada, sino que con ello solo me enveneno.
Me estoy envenenando a mí mismo/a.
No quiero seguir así y esto preparado/a para dejar atrás esta situación o situaciones (descripción de la situación o situaciones y nombre de la persona o personas) y entregártelo todo.
Te entrego esta situación y todas las personas involucradas y sé que con la ayuda de Dios absorberás todo el rencor, la ira, la decepción, los elementos nocivos, las dificultades y la amargura de mi corazón. Inspiro y espiro profundamente y dejo el espacio suficiente para que se sane todo lo que se tenga que sanar.
Ayúdame a liberarme y a perdonar, independientemente de lo que me hayan hecho. Ya no estoy dispuesto/a a seguir envenenándome.
Si necesito más paz, llena mi corazón de paz.
Si necesito más dulzura, llena mi corazón de dulzura.
Si necesito más amor, llena mi corazón de amor.
Si necesito más alegría, llena mi corazón de alegría.
Si necesito más confianza, llena mi corazón de confianza.
Si necesito más piedad y misericordia, llena mi corazón de piedad y misericordia.
Da igual lo que necesite, tú lo sabes y yo lo recibo e intento que crezca más cada día. ¡Gracias por sanar mi corazón!
Os doy las gracias a ti y a Dios por vuestro amor y ayuda y estoy conmovido desde lo más profundo de mi corazón.

Ganesh

Ganesh es el dios hindú del bienestar y la riqueza. Es el dios indio con cabeza de elefante. Existen muchas leyendas a su alrededor pero la que me he encontrado con mayor frecuencia es la que cuenta que perdió la cabeza debido a la ira de su padre y su madre le puso la primera cabeza que fue capaz de encontrar, la de una cría de elefante.

Lo cierto es que es posible invocar a Ganesh en cualquier ámbito de la vida. Es grande y poderoso y podemos imaginárnoslo como un gran elefante que anda como una apisonadora. No hay nada que sea un obstáculo para él. No obstante, es una de las divinidades más afectuosas, amorosas y beneficiosas que conozco.

Quiere ser llamado. Le encanta poder ayudar en los momentos más complicados de la vida. Para él es un placer eliminar nuestros miedos y preocupaciones y despejar los obstáculos de nuestro camino. Por ello, no dude en pedirle ayuda, sea cual sea la situación.

En el hinduismo es a la primera divinidad a la que se acude. Y usted también puede hacerlo. Representa el todo en uno, es como un padre protector y una madre afectuosa al mismo tiempo. ¿Existe una combinación mejor?

Además, es profundamente sabio, por lo que puede guiarnos de forma segura a través de las mayores turbulencias.

Supongo que es evidente lo mucho que lo admiro. Lo quiero y aprecio mucho, es mi acompañante constante en el camino. Ejerce de guía en mis lecturas de ángeles y puedo estar segura de recibir solo lo positivo, ya que la negatividad no tiene cabida a su lado.

Les invito a que lo dejen entrar en sus vidas. No solo les protegerá y les envolverá con su amor, sino que enriquecerá sus vidas.

- Bienestar y plenitud
- Amor y cariño
- Protección
- Superación de todos los obstáculos
- Sabiduría
- Positividad

Propuesta de oración:

Mi querido y fantástico Ganesh, me inclino ante ti y te pido ayuda.
Estoy desesperado/a porque me enfrento a un gran obstáculo en el camino (descripción de la situación).
Te necesito ahora y te pido que me ayudes a superar el obstáculo que me impide seguir adelante. Estoy dispuesto/a a eliminar con tu ayuda mi patrón interior. Te lo entrego y te agradezco que elimines la negatividad de esta situación, que me allanes el camino para que pueda proseguirlo con la bendición de Dios para que no tropezar con ningún otro obstáculo. ¡Tengo muchas ganas de experimentar este cambio interior y exterior!
Estoy preparado/a para recibir tu amor, cariño, protección, sabiduría y gran orientación.
Me dejo guiar por ti en una vida llena de bienestar, positividad y abundancia divina.
Gracias por tus bendiciones y tu ayuda protectora.
Es maravilloso que mi vida, a través de ti, haya vuelto a su cauce.
¡Gracias!

Hilarión

Hilarión es un maestro ascendido. Durante su vida fue un gran sanador y sigue siéndolo. Es tan maravillosamente fuerte que a su lado uno se siente inmediatamente seguro y a salvo cuando se le invoca. Nos rodea con su maravillosa luz sanadora verde y penetra en nosotros hasta el nivel más profundo.

Está en estrecho contacto con el arcángel Rafael y Djwal Khul y juntos constituyen el mayor trío de sanadores que existe. Son sanadores altamente dotados.

Por ello, no se limite únicamente a un sanador, también puede acudir a estos tres ayudantes divinos para la sanación.

Volvamos a Hilarión, que siempre está a nuestro lado con su enorme corazón. Según mi opinión, su mayor cualidad es que puede alcanzar a las personas con su amor en el mismo centro del corazón. Tan pronto como lo llame, se sentirá conmovido.

"Siente tu corazón, percibe la verdad y sigue tu camino". Eso es lo que me dijo cuando empecé a preparar este libro y a escribir sobre cada ángel y maestro. Ese es su lema, su mensaje para nosotros. La verdad es una cuestión clave para él. La verdad es lo más importante en la vida para mí, ya que con la verdad es posible crecer y resolver los problemas.

Es un maestro magnífico y ayuda incondicionalmente a los que necesitan la sanación o que trabajan en el ámbito de la sanación. Si trabaja en el ámbito de la sanación, es especialista en reiki, masajes, ejerce de quiropráctico o incluso de cirujano, nuestro maravilloso Hilarión puede ayudarle junto con el arcángel Rafael y Djwal Khul. Pida ayuda y orientaciones a estos tres sanadores y siéntalo en sus propias manos. No solo le abrirán los chacras de las manos, sino que también guiarán sus manos para que usted esté siempre en el lugar adecuado en el que se requiere la sanación. El mayor regalo será seguramente que podrá ayudarle

con sus manos sanadoras. ¡Confíe simplemente en la orientación de este trío divino!
Confíe en Hilarión, que conmoverá su corazón.

- Sanación
- Sanar el corazón
- Llene su corazón, perciba la verdad y siga su camino
- Para todos los que trabajan en la sanación

Propuesta de oración:

Querido Hilarión, eres un sanador maravilloso. Necesito tu luz sanadora para (descripción de dónde es necesaria). Envuélveme y penetra profundamente en todas mis células, para que las renueves y reactives.
Por favor, llena mi corazón con tu luz verde y tócame profundamente para que pueda sanarme y regenerarme.
En esta situación también me ayudó la verdad, ya que solo la verdad puede ayudarme a cambiar o mejorar, en caso de que sea necesario.
Empiezo a sentir mi corazón de nuevo y con tu ayuda maravillosa podré retomar mi camino divino.
Gracias por tu sanación a todos los niveles y gracias por existir.

Isis

Isis es una maravillosa diosa lunar egipcia y se considera como la sacerdotisa superior de la magia.
Resucitó a su marido asesinado y, gracias a su magia, lo rescató del reino de los muertos.
Posee un poder increíble y fue una gran sanadora en su época. Actualmente sigue estando ahí para nosotros. Está disponible en todo momento para usted y puede ser muy útil en situaciones de emergencia o también cuando tenga la sensación de que el pasado es una carga. Llame tranquilamente a Isis, que es capaz de suprimir y equilibrar las vidas anteriores.
Cuando llega, cambia notablemente la energía de la estancia. Simboliza un gran poder, fuerza y magia femeninos. Cuando se me apareció un día mientras meditaba, vi ante mí a una mujer delicada y dulce pero con una energía tan mágica que simplemente dejé que actuara sobre mí. Acepté su energía y me ayudó inmediatamente a lograr más alegría y autoestima.
Las personas empiezan a creer en sí mismas y a apreciar su propia belleza, interior y exterior. Es como si nos ordenara "sé tú mismo" e inmediatamente nos diera la fuerza para ello. Fue así para mí y sigue siéndolo cuando pido que acuda a mi lado. Es como una madre amorosa, que sabe que lo lograremos y no nos dejará tener dudas. Está a nuestro lado y su magia mejora nuestras vidas.
Posee una energía increíblemente pacífica y, en caso de que trabaje en el ámbito de la sanación, llámela a su lado y deje que obre el milagro.

Con ella la magia flota en el aire.

- Magia divina
- Eliminación y equilibrio de vidas anteriores
- Belleza interior y exterior

- Poder femenino, fuerza y paz
- "¡Sé tú mismo!"
- Autoestima

Propuesta de oración:

Mi querida Isis, hermosa, dulce y poderosa diosa de la luna: te ruego que vengas a mí. Por favor, envíame tu magia divina y tu energía pacificadora.
Quiero ser como tú, llena de paz, autoestima y belleza. Tomo tu maravillosa y afectuosa energía y te dejo el espacio para que trabajes conmigo. Elimina todas mis vidas pasadas que todavía me impiden ser yo mismo/a.
Sé que soy bueno/a, que me merezco cosas buenas y que a tu lado todo estará BIEN. Gracias por tu magia, por llenar mi ser y obrar milagros.

Ixchel

Según mi opinión, Ixchel es una médica y sanadora poderosa. Es tan fuerte que puede hacer que todo fluya. Consigue hacer fluir todo lo que ha quedado obstruido.
Es una diosa lunar de los mayas. Puede imaginarse el poder que posee. ¡Increíble!
Es la reina de la lluvia y, principalmente, del arco iris. Su energía sanadora es la luz del arco iris, una luz blanca en la que se reflejan todos los colores. Serapis Bey y el arcángel Raziel poseen la misma energía. Por ello, es posible pedir el apoyo de estos tres sanadores a la vez, si necesita urgentemente que algo fluya. Puede ser un bloqueo corporal, un atasco en la carretera, una dificultad económica, es decir, todo lo que se haya bloqueado y que no consiga solucionar.
Antes sanaba con sus libélulas sagradas. El zumbido de las alas generaba una vibración sanadora que devolvía a su cauce la energía bloqueada de los enfermos.
Todavía hoy es posible escuchar un zumbido o rumor al invocar a Ixchel. No se asuste si percibe un zumbido, puede estar seguro de que Ixchel y sus libélulas sanadoras ya trabajan con usted y en su problema. Ábrase a ella y conviértase en un canal para su energía sanadora divina.

- Sanación
- Sanación con la luz del arco iris
- Eliminación de cualquier obstrucción
- Devolución de las cosas a su cauce

Propuesta de oración:

Maravillosa diosa maya Ixchel, ven a mí y envuélveme con tu luz del arco iris. Me envuelves con tu protección divina para que pueda liberarme. Me siento seguro/a y protegido/a y os entrego mi problema (descripción del problema, el bloqueo en su vida) a ti y a tus libélulas.
Estoy en el centro de tu luz del arco iris y me convierto en un canal para tu energía sanadora divina. Eliminas cualquier bloqueo en mi vida y todas las energías negativas atrapadas en ese atasco. Logras que todo vuelva a fluir por su cauce divino.
Gracias por envolverme en tu amor. Ahora sé que soy libre, como lo son todas las otras partes que intervienen en la situación. Todo empieza a fluir y a llenarse con la luz del arco iris.
Os doy las gracias a ti y a tus libélulas sanadoras por la sanación.

Kali

El nombre Kali significa "el negro, la oscuridad". Sus raíces se sitúan en el hinduismo y se considera como la encarnación de la ira de la Diosa Madre. Se manifiesta por compasión y para luchar contra los demonios y lo negativo.

Muchas personas le tienen miedo y es posible que al leer estas primeras líneas sobre Kali usted también haya tenido una sensación desagradable en el estómago.

Sé que es la diosa de la lucha y la muerte, pero también lo es de los nuevos comienzos, el crecimiento y, principalmente, la protección. Invoque a Kali en su vida si necesita protección, no sabe cómo continuar o tiene mucho miedo. ¡Lo eliminará! No le tenga miedo. Se aparece con un ímpetu, una fuerza, una lucidez, una fuerza irreductible y tanta pasión, que a veces las personas tienen miedo y confunden esta pasión con cólera. Sí, tiene un poder destructivo. Eso es cierto, pero solo lo utiliza cuando es necesario. Por ello, si tiene dificultades para desprenderse de algo y no lo logra por miedo, pídale ayuda y le mostrará una nueva posibilidad gracias a su lucidez. Cuando algo se estropea, cosa que ocurre siempre con lo viejo, y debemos dejarlo ir, Kali nos da su apoyo para el cambio, permanece a nuestro lado y nos ayuda con sus bendiciones a emprender un nuevo comienzo de forma inmediata.

Es una ayuda magnífica y única difícil de describir. Con ella a su lado, podrá lograr un éxito arrollador, aclarar su vida y cambiarla realmente con valentía, motivación, espíritu emprendedor y seguridad.

No existe una falta de honestidad que pueda hacer frente a su fuerza divina. Y este es el punto exacto en el que debemos decidir si tener miedo de su fuerza divina, solo porque es clara e irreductible, o ver realmente lo maravillosa que es Kali. Dirige su

extraordinaria protección y bendiciones hacia nosotros. Es una diosa liberadora y llena de amor.
Me encanta su poder y compasión por nosotros y agradezco cada día su existencia. ¡Kali es maravillosa!
- Es la diosa de la muerte/nuevo comienzo, morir/crecer
- Elimina todo lo negativo
- Resolución de todas las situaciones
- Liberación
- Valor/motivación/espíritu emprendedor
- Protección
- Pasión

Propuesta de oración:

Liberadora diosa Kali, te invoco y estoy preparado/a para tu fuerza y amor. Me alegra contar con tu poderosa protección y bendición. Sé que debería liberarme, pero me resulta difícil. Tengo miedo, preocupaciones y temo al futuro. Acude con tu ímpetu, tu poder divino y tu pasión a ayudarme en esta situación (descripción de la situación) y pon orden por mí y por todas las personas que están involucradas en esta situación. ¡Por favor! Necesito tu lucidez para reconocer y comprender la verdad.
Estoy preparado/a para dejar atrás todo lo anterior. Te pido que me ayudes, que absorbas todo lo relativo a esta situación y a las personas involucradas en ella. El pasado debe destruirse, marcharse, morir, porque sé que solo así lograremos juntos un nuevo espacio para lo nuevo.
Transmíteme tu valentía, motivación y pasión impetuosa. Guíame y muéstrame claramente qué pasos debo dar a continuación para empezar mi nueva vida.
Me alegra saber que con tu ayuda lograré un nuevo comienzo bendito y seguro.
Muchas gracias.

Krishna

Krishna se reencarnó entre el año 3200 y 3100 antes de Cristo. Es una reencarnación completa, un avatar, con una conciencia curiosa.
Su origen se sitúa en el hinduismo y es el Dios preferido en la India. Su nombre significa "oscuro" en sánscrito y simboliza la conciencia divina superior.
Entregó a las personas el Bhagavad Gita, el texto espiritual más importante del hinduismo.
Se trata del diálogo inmortal entre el alma y la mente.
Paramahansa Yogananda lo reescribió magníficamente con una nueva traducción y nuevos comentarios. El Bhagavad Gita trata de la sabiduría del desarrollo propio, el yoga real, el yoga mental. Es idóneo para todos aquellos que realmente se esfuerzan por encontrar a Dios a través del camino del *kriya yoga*.
El *kriya yoga* implica un dominio consciente y voluntario de la energía vital del organismo, mediante el cual no nos liberamos de las sustancias sólidas o líquidas, el oxígeno y la luz solar, sino de la fuente interna de vida cósmica (independientemente de nuestras creencias).
Si invoca a Krishna, quedará fascinado inmediatamente por su energía llena de alegría y felicidad. Se verá inundado por una oleada de amor divino. Intenta abrir nuestro corazón y que comprendamos que, a pesar de vivir en un cuerpo mortal, en realidad somos seres puros, luminosos y divinos.
Krishna siempre dice "da amor, da tu amor principalmente a Dios. Procedes de su luz y volverás a esa luz. Encuentra a Dios durante tu vida, porque solo eso te proporcionará el amor, la alegría y la paz anhelados, además de la auténtica salvación."
A través de él percibimos un amor intenso, divino, el amor por Dios. Para mí Krishna es comparable a Cristo. Son dos

mensajeros maravillosos de Dios que se reencarnaron cuando el mundo más los necesitaba.

- Amor divino puro
- Transmisor de felicidad y paz
- *Kriya yoga*
- Despertar espiritual
- Unión con Dios

Propuesta de oración:

Querido Krishna, maravilloso mensajero de Dios, transmisor de paz divina y de auténtica felicidad: hoy decido enviarle mi amor a Dios.
Se que vengo de Dios y que volveré a Él.
Aleja todo lo que se cierne sobre mí y me impide seguir tu camino divino, el *kriya yoga*, para lograr un auténtico autodesarrollo.
Ayúdame a liberarme del miedo, la cólera y de mi necesidad de redención de mis pecados.
Me alegra poder crecer espiritualmente y recibir tu verdad superior.
Muchas gracias, maravilloso mensajero de Dios.

Kuan Yin

Kuan Yin es la maestra ascendida más querida y conocida en China. También es conocida como la diosa de la misericordia y la compasión. Es un ser maravilloso que ha decidido estar a nuestra disposición hasta que todos los seres alcancen la salvación. De este modo nos muestra su misericordia y su amor universal por todos los seres.
Si solicita su ayuda se sentirá tan desbordado por su piedad, bondad, amor, perdón y sanación, que es posible que se le llenen los ojos de lágrimas. No exige nada a cambio, simplemente quiere dar y ayudar a los seres de la Tierra.
Solo con este comportamiento ya consigue abrir nuestros corazones. Es hermosa e irradia una dulzura fascinante.
Cuando vivía en Hawái estaba totalmente fascinada por la multitud de estatuas de Kuan Yin. Estas estatuas de Kuan Yin sostenían una botella en la mano. Una mujer mayor me contó una vez que en ese recipiente se encontraba el agua sanadora de la vida. Esta agua sanadora puede equilibrarlo todo, cualquier desequilibrio o interferencia. Y nos facilita la sanación a todos los niveles.
Kuan Yin es una gran sanadora y portadora de paz.
Me conmovió entonces profundamente y me ha acompañado hasta hoy.
Nos ayuda a liberarnos del karma, a reencontrar nuestro propio amor en el corazón para así volverlo a abrir. Con ella seremos capaces de perdonar, encontrar la paz en nosotros mismos, experimentar la sanación y aprender de nuevo por medio del amor.
Es tremendamente flexible y estoy segura de que enriquecerá su vida.

- Misericordia
- Compasión
- Equilibrio
- Sanación
- Eliminación del karma
- Amor

Propuesta de oración:

Mi querida y misericordiosa Kuan Yin: ven a mí y ayúdame a ser como tú: misericordiosa, compasiva, cariñosa, equilibrada y fuerte. Eres maravillosa. Necesito tu ayuda ahora, quédate a mi lado cuando te entregue el desequilibrio, el karma relacionado y me deje sanar por tus aguas sagradas.
Principalmente la situación es la siguiente (descripción de la situación).
Sana también a todas las personas involucradas para que podamos perdonarnos mutuamente y encontremos nuestro propio camino lleno de amor.
Inúndanos de piedad, bondad, amor, perdón y sanación. Penetras profundamente en mi corazón y me proporcionas tu amor divino e infinito.
Mi corazón es capaz de abrirse a lo nuevo y tú me orientas para que me pueda enfrentar de nuevo a esta situación y disfrute de una vida pacífica, llena de amor y con sentido.
Gracias de corazón, misericordiosa Kuan Yin.

Kuthumi

Kuthumi es un maestro ascendido. Tiene una energía increíblemente alegre y luminosa. Tan pronto como aparece, nos invita a ser felices de inmediato. ¡Irradia una alegría indescriptible!
Su energía es sumamente clara y nos puede ayudar a centrarnos para lograr nuestros objetivos. Nos recuerda que no debemos malgastar nuestro precioso tiempo. Debemos vivir de forma feliz, alegre y perseguir nuestros objetivos.
Su ligereza es realmente contagiosa, se dará cuenta de ello rápidamente. Es como un dulce soplo de viento que se lleva nuestros miedos y deja tras de sí una energía, alegría, curiosidad, abertura, deseo de saber y ligereza nuevos.
En realidad posee ambas vertientes. Por una parte, nos ayuda a centrarnos y a trabajar por nuestros objetivos y, por la otra, eleva nuestros corazones al cielo.
¡Es maravilloso!

- Eliminación de miedos
- Conexión con la tierra
- Ligereza
- Eleva el corazón al cielo

Propuesta de plegaria:

Mi querido Kuthumi, solicito tu intervención. Deseo entregarte todos los miedos que pesan en mi corazón y me hacen sentir triste. En este caso se trata especialmente de (descripción de lo que nos afecta).
Te ruego que limpies profundamente lo que me hace titubear, lo que me aparta del camino y, principalmente, lo que apena mi corazón.
Muchas gracias por ayudarme a cambiar. Consigues que me centre y al mismo tiempo haces volar mi corazón. Con tu orientación seguiré el camino para lograr mis objetivos, con ligereza, júbilo, curiosidad y alegría por lo nuevo que vendrá. Como tú, me convertiré en una árbol increíblemente resistente, de raíces profundas y fuertes, pero con ramas que se extienden hacia el cielo y disfrutan del sol.
Haz que todos los cambios que se acercan se produzcan de forma suave y pacífica. Me dejo guiar por ti con un corazón liviano.
¡Gracias de corazón, mi radiante maestro!

Lady Nada

Lady Nada es una maestra ascendida. En sánscrito *nada* significa "sonido sagrado", es decir, el *om*. Es una maestra hermosa, tremendamente bella. Su energía nos envuelve como un bálsamo y nos inunda con una sensación de protección y amor.
Quiere ayudarnos a transformar las energías negativas. Me contó que puede transformarlo todo en positivo. Todo es energía y tiene su forma de energía. Las energías negativas son como una masa pegajosa, por eso las percibimos como algo molesto. ¿Qué hacemos normalmente las personas en estos casos? Tendemos a ahogar las energías pegajosas, con la esperanza de que nos abandonen en algún momento después de haber intentado ignorarlas durante mucho tiempo. Pero en realidad sabemos que no es así como funciona. Por ello, con Lady Nada podemos aprender a recibir esta energía negativa pegajosa y a transformarla. Con su ayuda podremos transformar la ira en amor.
Lo importante es que seamos capaces de reconocer las energías/emociones negativas para poder transformarlas posteriormente en algo positivo.
Y en esta misión precisamente nos ayudará Lady Nada.
Transforma la cobardía en valentía.
La ira en amor.
El rechazo del cuerpo en la aceptación del cuerpo.
El egoísmo en comprensión.
Sana con su amor puro. Tal vez por ello la veo frecuentemente junto a la Virgen María.
Son dos maravillosas sanadoras y puedo asegurarle que se verá inundado por el amor de ambas.

- Sensación de protección y amor
- Transformación de emociones/energías negativas
- Sanación con amor puro

Propuesta de oración:

Querida y hermosa Lady Nada, te ruego que vengas a mí.
Ayúdame a transformar mis emociones negativas. Con tu ayuda reconoceré la emoción que debo transformar para poder avanzar. Ilumina con la luz de tu amor esta masa pegajosa y yo aceptaré que siento (emoción).
Llena ahora mi corazón y mi alma con tu amor y transforma este/a (emoción) en su emoción positiva contraria.
Transfórmalo/a en (emoción positiva). Esta emoción positiva crece con cada aliento, hasta llenarme y envolverme por completo de nuevo.
Gracias por quedarte a mi lado hasta que todo se haya transformado en positivo.
Gracias por inundarme con tus bendiciones para que yo pueda crecer de nuevo.
¡Muchas gracias!

Lakshmi

Lakshmi es la diosa hindú de la belleza, la abundancia y la riqueza. Es la diosa de la felicidad y su misión es llevar la felicidad a la Tierra. Cualquier persona que la invoque de corazón, se sentirá hechizada por su belleza al instante y envuelta por su energía única. Del mismo modo que una madre cariñosa, nos proporciona todo lo que necesitamos. Con sus "manos doradas" nos bendice con el bienestar, el equilibrio mental, la belleza y su amor. En realidad tiene cuatro manos, dos manos doradas y, en las dos manos restantes, sostiene una flor de loto. Se simboliza con una gran flor de loto, símbolo también de la pureza y la perfección.

Es una diosa llena de gracia y de bondad. Su energía es realmente única y, si la deja entrar en su vida, le ayudará realmente a abrir los ojos para percibir la belleza, la generosidad y la comprensión que la rodean. También ayuda a superar problemas económicos para recuperar el cauce de la riqueza.

Trabaja codo con codo con Ganesh. Por ello, puede imaginarse lo que ocurre si usted se deja guiar por ambos. Ganesh liberará su camino y estará a su lado como un guardaespaldas. Y Lakshmi llenará este espacio obtenido con toda su abundancia, riqueza y, principalmente, toda su felicidad. Le brindará una maravillosa oportunidad de revitalizar su vida, reconfigurarla, abrir puertas que antes estaban cerradas o incluso empezar una nueva vida. Deje entrar a esta diosa de la felicidad en su vida. ¡El resultado solo puede ser la felicidad!

- Felicidad
- Abundancia y riqueza
- Belleza y amor
- Bienestar y armonía mental
- Nuevas posibilidades

Propuesta de oración:

Querida Lakshmi, hermosa diosa de la felicidad, ven a mí. Eres la transmisora de la felicidad, la abundancia, la riqueza y las nuevas posibilidades.
Te ruego que tomes todo lo que presiona mi corazón y representa un obstáculo en mi camino hacia la felicidad, la riqueza y la abundancia. Con tus manos doradas sanas todo aquello que requiere de sanación y me bendices con tu abundancia divina.
Te abro el corazón para que lo llenes de gratitud y entusiasmo por tu ayuda.
Te quiero y sé que me darás todo aquello que necesite. Ahora me siento tranquilo porque sé que todas las riquezas ya están en mi interior y se revelarán con tu ayuda divina.
Sigo el sendero hacia la felicidad que tú me indicas y agradezco cada puerta beneficiosa que se abre ante mí a partir de hoy. Te doy las gracias desde lo más profundo de mi corazón.

Maat

Maat es la hija del Dios del sol Ra y la diosa egipcia de la justicia, la verdad y la integridad. Personifica el orden mundial.
Intenta que todo permanezca en equilibrio y eliminar todas las desigualdades. Nunca nos juzga, sino que quiere ayudarnos a reconocer la verdad, que ella misma encarna. Si Maat considera que nuestros motivos son verdaderos, puros e íntegros, nos brindará inmediatamente su cálido amor y estará a nuestro lado. Si percibe que nos equivocamos, nos envolverá en su justicia, verdad e integridad y supervisará nuestros pasos hasta que reencontremos el camino correcto.
Nadie es más fuerte ni más adecuado para situaciones en las que parece que no hay salida. Con su aparición nos facilita inmediatamente más valentía, fuerza interior y una protección increíble.
Es tan poderosa que nos protegerá frente a la manipulación y la magia negra y nos ayudará a superar adicciones y presiones.
Actúa con su fuerza divina directamente sobre los chacras de los pies, que son el ámbito del movimiento divino.
Nos ayuda a combatir la fatiga, los comportamientos negativos y agresivos, las adicciones y las presiones y se ocupa de que nos movamos en la dirección correcta. Se ocupa de que nos movamos para reforzar las células, de que conozcamos a personas edificantes, de que utilicemos la verdad, la justicia, la compasión, la razón y el orden. Maat puede orientarnos realmente hacia el camino de la virtud, el equilibrio y la integridad.
Si nos dejamos guiar, enriquecerá extraordinariamente nuestra vida.

- Justicia
- Orden divino y orden mundial
- La verdad sale a la luz

- Integridad
- Fuerza interior
- Protección frente a la manipulación y la magia negra
- Eliminación de conductas adictivas y presiones

Propuesta de oración:

Querida Maat, poderosa diosa de la justicia, el orden divino, la verdad y la integridad. Ven a mí lado y bendíceme con tu fuerza y poder interiores. Llena también mis chacras de los pies.
Purifícame con todo tu poder y ayúdame a deshacerme de todas las adicciones, presiones e impurezas.
Eres la portadora de la verdad y te ruego que arrojes tu luz divina sobre esta situación (descripción de la situación) y todas las personas que intervienen en ella. Aporta clarividencia a mi vida y muéstrame qué puedo cambiar, qué debo cambiar para ser totalmente libre.
Llena los chacras de mis pies, mi corazón y mi alma con tu verdad y amor y ayúdame a recorrer un nuevo camino con tu apoyo. Un camino lleno de fuerza, verdad, orden divino, compasión, amor e integridad.
La situación y la energía negativas se disiparán para el bien de todas las partes involucradas.
Te ruego que me protejas también de cualquier manipulación y magia negra.
Gracias por construir unos nuevos fundamentos en mi vida, con los que podré encaminarme a partir de hoy hacia una vida feliz.
¡Muchas gracias!

Maha Chohan

Maha Chohan es un maestro ascendido, además de un líder y profesor increíble.
Fue el maestro de San Germán y posee una enorme sabiduría y conocimiento, que comparte gustosamente con nosotros.
Su disposición a ayudar nos inundará de inmediato al invocarle. Llena toda la estancia y se percibe inmediatamente su amor. En un instante aparece a nuestro lado y nos da nuevos impulsos e ideas.
Con frecuencia lo he sentido cerca de mí como un padre increíblemente amoroso que me rodeaba con los brazos y me daba su comprensión. "Quédate tranquilo/a, abre tu corazón y dime para qué necesitas ayuda."
Totalmente relajante y apaciguador. Uno se siente inmediatamente a salvo, seguro, protegido y preparado para tomar su mano. Él nos orientará y nos llevará con certeza hacia nuestro objetivo.
Es un magnífico acompañante para los que se encuentran encima del escenario o simplemente deben realizar una pequeña presentación. Nos llena el corazón y el centro del lenguaje, elimina los nervios y nos conecta con la poderosa sabiduría divina. Su energía turquesa fluye desde nuestro interior hacia aquellos que nos escuchan, nos hace hablar desde el corazón y llegar a los corazones de las personas. Hace que los corazones se abran, como las flores en primavera.

- Buena disposición
- Nuevos impulsos e ideas
- Presencia en el escenario
- Para todos los enseñantes
- Libre expresión
- Abertura y sanación del corazón

Propuesta de oración:

Mi querido Maha Chohan, por favor ven a mi lado. Maravilloso ayudante del corazón. Tengo el corazón bloqueado y me cuesta expresarme, por ello te pido que me rodees con tus brazos y alejes todo aquello que impide que mi corazón pueda expresarse de forma libre y positiva. Absorbe todo aquello que me inquieta, me hace sentir inseguro/a y me empuja a bloquear mi corazón y mi expresión. Ha llegado el momento de cambiarlo y de que me ayudes a encontrar mi fuerza y poder.

Maestro divino y proveedor, quiero ser tu aprendiz, aprender de ti. Con tu ayuda poseeré un corazón de luz turquesa y abierto como el tuyo.

La corriente del amor, tus nuevos impulsos se expresan perfectamente a través de mí y soy capaz de conmover a muchos otros corazones para que se abran como las flores en primavera. Gracias de corazón, magnífico Maha Chohan.

Merlín

Hasta la fecha no se ha podido demostrar si Merlín realmente vivió o dónde lo hizo. Es el poderoso ayudante del rey Arturo en Camelot. No obstante, también se le asocia con Atlantis, Lemuria y Stonehenge. Lo que es indiscutible es que posee un gran conocimiento de Atlantis y que aparece cuando uno desea desprenderse de algo relacionado con la época de Atlantis. En esa época fue un mago y sacerdote superior increíblemente fuerte. Si tiene la sensación de haber vivido en Atlantis o desea expresar algo positivo de esa época, llámelo a su lado y le orientará, guiará y sanará para que pueda explotar su potencial.

Donde también me acompañó fue en Stonehenge. Estaba sentada junto al círculo de Stonehenge cuando percibí su presencia. Grande, poderoso y rodeado por una energía indescriptible. Es difícil de expresar en palabras y para mí es incuestionable que fue y es el mago, maestro y sanador más poderoso, independientemente de dónde o cuándo viviera.

Despliega una sabiduría, una sabiduría mágica, que desea transmitir. Simplemente debemos actuar como un cáliz abierto que se deja llenar para utilizar posteriormente ese conocimiento. Siempre llevaba piedras consigo, cristales, como en Atlantis. Mediante estos cristales sana o nos ayuda a potenciar nuestro propio poder sanador.

Supongamos que usted trabaja con Reiki o el Aura-Soma, o que trabaja en el ámbito de la sanación. Pídale que venga a su lado y multiplicará su energía positiva.

Siempre me ha acompañado con su amor, pero también con su lucidez y una magia increíble.

Nadie puede instigar el cambio en nosotros tan rápido como él. Con su energía y poder puede obrar milagros y superar los obstáculos existentes.

Tiene mucho que enseñarnos, pero es necesario abrirse realmente a él, abrir nuestra mente para recibir su sabiduría. Es un maestro muy cariñoso e indulgente que también puede ser muy estricto. Quiere que seamos mejores y nos demos cuenta de que somos seres divinos con un gran poder positivo.

- Sabiduría y saber
- Sanación
- Transmisión del conocimiento de Atlantis y Lemuria
- Trabajo con cristales
- Ayuda en todas las profesiones relacionadas con la sanación o la ayuda
- Para un cambio rápido
- Eliminación de los obstáculos existentes
- Crecimiento

Propuesta de oración:

Querido y poderoso mago Merlín, ven a mi lado. Elimina con tus cristales mágicos todo aquello de mi sistema energético que me impide mejorar, crecer y explotar mi fuerza y sabiduría divinas. Elimina por favor los antiguos obstáculos que me impiden hacer realidad todo mi potencial.
Necesito un cambio rápido y milagroso en (descripción de la situación).
Doy un paso atrás y dejo espacio para tu energía poderosa, divina y mágica, en esta situación y para todas las personas involucradas.
Me abro a ti y me convierto en cáliz para absorber tu conocimiento y sabiduría y dejarme guiar por estos.
Trabaja con tus cristales en mí hasta que todo se haya transformado en algo positivo y yo avance a tu lado.
Poderoso mago Merlín, gracias por tu sanación y por permanecer a mi lado. ¡Muchas gracias!

Virgen María

María es conocida como la madre de Jesucristo. No solo es honrada por el cristianismo, sino que también consta en el Corán como la madre virgen de Jesucristo, honrada principalmente por las mujeres.

Hace tiempo, cuando vivía en Esmirna, en Turquía, visité la casa de la Virgen María. Debo decir que ese país cuenta con una multitud de tesoros espectaculares y muchos poseen una poderosa fuerza antigua y mágica como, por ejemplo, la casa de la Virgen María. Está cerca de la ciudad de Éfeso y se considera como el lugar de residencia temporal y el posible lugar de la muerte de María. Tenía mucha ilusión y estaba nerviosa por lo que vería ahí, ya que desde hacía tiempo era una acompañante muy querida por mí.

Debo confesar que fue uno de los momentos que más me conmovió. Este lugar está repleto del amor de la Virgen María e inmediatamente me sentí conectada con ella. Llegó a mí como una dulce oleada y nunca más me ha dejado caer.

Me tocó el corazón con la mano y me dijo "estoy aquí para que puedas desprenderte de todos tus miedos. Te quiero y me gustaría que transmitieras este amor divino a todos aquellos conozcas. Te quiero y siempre estaré a tu lado."

Amo a la Virgen María y valoro su compasión, misericordia y poder de sanación majestuoso.

Su amor me conmovió hasta tal punto que me hizo llorar y desde entonces he intentado transmitir su amor a todas las personas que he conocido. Amo a la Virgen María y estoy plenamente agradecida de que me acogiera entre sus brazos cuando más lo necesitaba.

Valoro no solo su enorme amor por las personas, sino también su compasión, misericordia y poder de sanación majestuoso.

Deseo que sean capaces de dejar entrar su energía, como lo hice yo y lo sigo haciendo cada día.
Les invito realmente a abrir su corazón y recibir la bendición de la Virgen María.

- Amor, compasión y comprensión mutuos
- Eliminación de miedos
- Sanación del corazón
- Bendición
- Ayuda a los niños, a las futuras madres, en las relaciones y todas las amistades

Propuesta de oración:

Mi querida y majestuosa madre María, ven a mi lado y llena mi corazón con tu amor divino. Maravillosa madre de Jesucristo, eres como un ángel y llevas la bendición divina a todos los corazones.
Por ello te pido que acudas para ayudarme en esta situación (descripción de la situación). Bendice a todas las personas involucradas y dótanos de compasión y misericordia mutuos.
Resuelve por favor esta situación.
Pon tu mano sanadora en mi corazón y lléname de amor.
Te agradezco de corazón que viertas tus afectuosas bendiciones en mí y todas las personas involucradas.
Todo irá bien y podré crecer. Con tu ayuda encontraré el amor y la paz en mí.
¡Muchas gracias, querido ángel! ¡Muchas gracias!

Palas Atenea

Palas Atenea es la diosa griega de la protección y da nombre a la ciudad griega de Atenas. Es una de las doce divinidades olímpicas y la hija de Zeus.
Es una diosa de la guerra y principalmente también es conocida por ser una diosa protectora. Es una mujer hermosa y fuerte. Normalmente se representa y se asocia con una lechuza. Ello se debe a que Atenea tiene una vista muy aguda y puede ver las energías negativas y oscuras y reconocer el estado de las cosas también en la oscuridad. Se la describía como "de ojos claros", es decir, que era clarividente y podía ver más allá.
Al invocarla puede ayudarnos muy rápido. Aparece en seguida a nuestro lado con su agradable poder y nos ayuda a sentirnos más seguros, eliminar los obstáculos, reunir energías y eliminar cualquier conflicto.
Tiene el don de sacarnos de situaciones dramáticas, mostrarnos nuevas perspectivas y nos eleva con una energía pacífica que nos hace progresar y realmente nos permite crecer.
Siempre me ha dado la sensación de que no existe ningún problema, ninguna tarea o drama demasiado complicado para ella. Está al lado de todos y se ocupa de que se superen los retos.
Es una magnífica acompañante que nos ofrece una mano sólida a la que agarrarnos y produce resultados divinos.

- Protección
- Fuerza
- Eliminar obstáculos
- Reunir energías
- Eliminar conflictos
- Eliminar el drama

Propuesta de oración:

Mi querida Palas Atenea, necesito tu agradable poder. Ayúdame a ser tan fuerte y poderoso/a como tú.
Estoy pasando por una situación/conflicto especialmente difícil (descripción) en mi vida, pero he decidido dejarme ayudar por ti.
Por ello, he perdido mucha energía. Te ruego que vuelvas a reunir las energías que he perdido y las devuelvas al lugar al que pertenecen (inspire 3 veces).
Reúne todas las energías que me pertenecen. No importa dónde las haya perdido, tú me las devuelves y volveré a disponer de ellas (inspire 3 veces).
Llena todos los aspectos de mi ser con tu energía divina y en caso de que me encuentre en una situación dramática, te ruego que me saques de ahí y me eleves con tu energía pacífica.
Tu me ayudas para que esté seguro/a de que se producirán resultados maravillosos.
Muchas gracias.

Pelé

Pelé es la diosa de los volcanes de Hawái. Es increíblemente fuerte e impetuosa.
En Hawái es omnipresente y sus habitantes la adoran y le tienen un gran respeto al mismo tiempo.
Según la leyenda, la impetuosa Pelé peleaba constantemente con su hermana Namaka, la diosa del mar. Esto enfurecía a su padre hasta tal punto que decidió desterrarla.
Con una canoa llegó a Hawái, donde creo los volcanes con su báculo mágico. No obstante, su hermana quería seguir peleando y la siguió. Combatió el fuego de Pelé con sus mareas y en Maui se produjo la batalla final entre las dos hermanas. Namaka venció y volvió a su patria, Tahití, porque pensaba que su hermana Pelé había muerto.
Pero Pelé había sobrevivido. Desde entonces vive en la isla grande de Hawái y es la señora del fuego y de los volcanes.
En las danzas tradicionales, los *hula*, se relata la historia de Pelé. En Hawái es realmente omnipresente y muy importante para los lugareños. Durante unos meses viví con mi hija en la isla grande de Hawái y pudimos participar en algunas ceremonias celebradas por los lugareños en honor a Pelé.
Estas ceremonias eran tan poderosas, llenas de amor y respeto, que nos conmovieron profundamente.
La fuerza impetuosa de Pelé realmente nos fascinó. Cada semana debía ir con mi hija al menos una vez a visitar el cráter o la corriente de lava que fluía directamente hacia el agua. Con frecuencia las dos contemplábamos y nos asombrábamos por la impetuosa fuerza del volcán y agradecíamos a Pelé su increíble protección. Mi hija y yo queremos mucho a esta diosa, tal vez porque durante un tiempo estuvimos muy cerca de ella y nos ha acompañado hasta hoy.

Hawái es un auténtico paraíso. Solo al aterrizar en el aeropuerto de Honolulu ya nos envolvió el perfume de las flores y la música hawaiana. ¡De hecho pensé que habíamos aterrizado en el cielo! De repente uno se reencuentra consigo mismo, reconoce sus puntos fuertes y débiles y adopta la fuerza y la claridad de Pelé en el camino hacia el conocimiento de uno mismo. Despierta una fuerza en nosotros que no puede expresarse en palabras, sino que debe percibirse.

A continuación me gustaría contarles otra historia sobre el respeto que impone Pelé. Debido a ese respeto y al conocimiento que tienen los lugareños de su ira, ninguno de ellos se llevaría jamás una sola roca de lava de la isla. No obstante, muchos turistas, a pesar de todas las advertencias, sí que lo han hecho. Con frecuencia, estos acaban devolviendo las rocas, ya que se sienten perseguidos por la mala suerte desde entonces. El Centro de Visitantes del Parque Nacional recibe muchos envíos cada día, ya que las personas se dan cuenta efectivamente de que su actuación no fue correcta.

Pese a que mi hija es una gran coleccionista de rocas, tenía un gran respeto por Pelé y nunca se llevó una sola roca. Justo en el viaje de vuelta a Los Ángeles teníamos a un hombre al lado que agitaba felizmente una botellita llena de pequeñas rocas de lava. ¡Pensé que nos estrellaríamos!

Entonces va y nos regala una magnífica roca de lava. Mi hija le explicó al hombre que no debía haberlo hecho y que no quería la roca. Pero él seguía en sus trece, por lo que dejamos la roca en el asiento cuando aterrizamos para que pudiera emprender el camino de vuelta. ¡Espero que el hombre siga estando bien!

- Resolución de dudas e inseguridades
- Eliminación de la ira/rabia
- Reconocer los propios puntos débiles y fuertes
- Despertar del poder, la energía, la pasión y la fuerza

- Protección
- Respeto
- Establecer límites
- Establecer objetivos y cumplirlos
- Despeja el camino
- Fomenta la honestidad
- Idónea para los adolescentes que tienen dificultades con los límites, el respeto y les cuesta controlar su cólera/ira

Propuesta de oración:

1) Querida y sagrada Pelé, ven a mi lado y dame la protección que necesito. Con tu ayuda seré capaz de reconocerme a mí mismo/a. Gracias a ti soy capaz de ver mis puntos fuertes y percibir también mis puntos débiles. Pero estos no son tan malos, puesto que mientras sea capaz de reconocerlos y eliminarlos con tu ayuda, podré cultivar una personalidad maravillosa, poderosa, honesta y fuerte.
Con tu báculo sagrado eliminas mis dudas e inseguridades, así como los obstáculos que me he impuesto a mí mismo en algún momento o que me han impuesto y que me impiden ser grande y poderoso/a.
Elimina todo lo relacionado y no te olvides de eliminar la cólera e ira que pueda haber en mí. Es posible que todavía haya algo en mí que me bloquee y me impida continuar. ¡Te entrego con alegría todo lo que todavía me bloquea!
Te ruego que despiertes mi llama interior. Quiero experimentar mi poder, fuerza y pasión divinas. Te ruego que me ayudes en esta situación: (descripción de la situación/del proyecto).
Asegúrate de que todo esté lleno de tu amor y amistad divinos y que reúna el valor para seguir tus orientaciones, con el fin de alcanzar mis objetivos y ser yo mismo/a. Dame la fuerza para expresar mi verdad y defender mis opiniones cuando sea importante. Sé que ahora tú me proteges y que podré evolucionar para ser quien realmente soy.
Tu bendición y la de Dios me llenan.
Muchas gracias.

2) Querida y sagrada Pelé, ven a mi lado y al de mi hijo/a y envíanos tu protección.

Estamos pasando por una época muy difícil y mi hijo/a necesita inmediatamente tu beneficiosa ayuda en (descripción de la situación).
Con tu ayuda mi hijo/a podrá reconocerse a sí mismo.
Con tu ayuda ahora seré capaz de reconocerme a mí mismo.
Gracias a ti somos capaces de ver nuestros puntos fuertes y percibir también nuestros puntos débiles. Pero estos no son tan malos, puesto que mientras seamos capaces de reconocerlos y eliminarlos con tu ayuda, podremos cultivar unas personalidades maravillosas, poderosas, honestas y fuertes.
Elimina con tu báculo sagrado toda la ira y cólera atrapadas entre nosotros y elimina los obstáculos, tanto los que nos imponemos nosotros mismos como los que nos impusieron en algún momento para que no fuéramos fuertes y poderosos. Por favor, no te olvides de eliminar las inseguridades y dudas que tal vez nos genera esta complicada situación.
Te ruego que despiertes la llama interior de mi hijo/a.
Deseo que pueda experimentar su poder, fuerza y pasión divinas.
Te ruego que elimines todo lo que bloquea a mi hijo/a.
Pelé, te agradezco que lo envuelvas todo con tu amor y amabilidad: mi hijo/a, a mí, nuestra vida y toda esta situación.
Por favor, dale valentía para seguir tus orientaciones, cumplir sus objetivos y ser él/ella mismo/a.
Con tu intervención sucederá lo mejor y por ello te doy las gracias.
Tu bendición y la de Dios nos llenan ahora.
¡Gracias de corazón!

Serapis Bey

Serapis Bey es un dios egipcio. ¡Es maravilloso, claro y puro! Trabaja con la luz divina blanca, del mismo modo que Ixchel y el arcángel Raziel. Arroja luz en cualquier situación y disuelve los bloqueos como Ixchel. Al mismo tiempo, es capaz de ver y suprimir vidas pasadas como el arcángel Raziel. Puede purificar en profundidad.

Posee una claridad y visión sin igual para encontrar soluciones magníficas.

Con él a su lado, estará seguro/a. Es un magnífico *coach*, mi *coach* preferido. No solo nos puede liberar del pasado, sino que nos ayuda a modificar realmente nuestra visión, dejar atrás el pasado y el sentimiento de culpa, así como sanar las conductas/pensamientos negativos. Cuando llega el momento, nos ayuda a salir de una situación tóxica para poder iniciar realmente una nueva vida.

Es el mejor *coach* para el éxito que he conocido en mi vida.

A mediados de 2014 mi marido y yo decidimos participar en el Ironman 70.3 en mayo de 2015. Tal vez conozcan las carreras tipo Ironman. Consisten en nadar, ir en bicicleta y correr. En este caso queríamos participar en un medio Ironman, es decir, 1,9 kilómetros de natación, 90 kilómetros en bicicleta y 21 kilómetros corriendo.

En realidad ya me temblaban las piernas, pero había aceptado y mi marido ya nos había inscrito. Sinceramente, no veía la forma de escapar de esa situación.

En secreto, quería saber si lo lograría. Escucho muchas quejas de personas que se sienten demasiado débiles, cansadas o no suficientemente fuertes para lograr sus objetivos. Por ello, esta era la situación idónea para demostrar el principio de "¡Tú eres capaz de TODO!".

Y quería hacerlo, aunque me temblaran las piernas de miedo.

Por ello, buscamos a un entrenador que nos ayudara a cumplir este objetivo. No obstante, renunció al cabo de seis semanas porque decía que con nosotros no se podía trabajar bien. Es fácil de imaginar. Con cinco hijos, mi trabajo, los dos hoteles que dirigía mi marido en esa época y todo lo que hay que hacer... Debo decir que realmente no era fácil trabajar con nosotros. Siempre acabábamos incumpliendo el plan de entrenamiento que nos había preparado en función de nuestra disponibilidad horaria. Por este motivo, el entrenador tiró la toalla al cabo de poco tiempo.

Y así fue como se me ocurrió recurrir a Serapis Bey como entrenador. Le pedí que estuviera a nuestro lado, que nos ayudara a encontrar el tiempo para entrenar y, principalmente, que nos ayudara a motivarnos. Pensé que él seguro que no nos abandonaría.

¡Y no lo hizo!

Desde ese momento permaneció a nuestro lado, como la calma durante la tormenta. Y sé que nadó, montó en la bici y corrió con nosotros hasta la meta.

Esa etapa fue muy intensa y se vertieron muchas lágrimas, ya que fue necesario superar obstáculos para poder seguir adelante. Pero en todo momento estuvo a nuestro lado con su luz.

Es increíble. Solo puedo recomendarle que lo llame a su lado, independientemente de lo que desee conseguir. Es el mejor entrenador que conozco, el más cariñoso, claro y motivador.

¡PODRÁ CONSEGUIR CUALQUIER COSA!

- *Coach* para el éxito
- Motivación y capacidad de resistencia
- La calma durante la tormenta
- Elimina los bloqueos

- Disuelve bloqueos kármicos
- Aporta luz en cualquier situación
- Lucidez
- Seguir la voz interior

Propuesta de oración:

Querido y único Serapis Bey te invoco porque te necesito como *coach* para lograr el éxito.
Te ruego que vengas a mí y me dejes ser tu aprendiz. Te necesito urgentemente para (descripción del proyecto/situación).
Vierte tu luz divina en cada rincón de mi vida y principalmente en la situación que he mencionado. Elimina todos los bloqueos kármicos existentes, todas las energías, conductas y pensamientos negativos y preconcepciones y liberarme de todas las cargas pasadas. Te ruego que vuelvas a encauzar mi vida y esta situación.
Me siento inundado por tu lucidez y tu sabiduría llena mi ser. Todas las personas involucradas también se verán inundadas por esta y sé que la solución está lista para mí.
Me extiendes tu mano amorosa y me conduces de forma segura hacia la meta.
Contigo a mi lado puedo seguir mi voz interior. Y con tu motivación y bendición divina alcanzaré todo lo que deseo.
Gracias, querido Serapis Bey. Te ruego que me envuelvas en tu blanca luz protectora.
¡Muchas gracias!

Paramahansa Yogananda

Paramahansa Yogananda es un magnífico maestro de la India que llegó a Estados Unidos en 1920 con la misión de divulgar el *kriya yoga* en Occidente. Con esta finalidad, fundó en Estados Unidos la *Self-Realization Fellowship*.

Es el maestro más joven de entre los maestros de *kriya yoga* como, por ejemplo, Krishna, Cristo, Babajji... Nació el 5 de enero de 1893 en la India y abandonó el mundo terrenal el 7 de marzo de 1952. Durante su vida fue un magnífico orador y escritor, lo cual puede apreciarse en sus incontables obras. La más conocida es la *Autobiografía de un yogui*. Yogananda fue uno de los mayores sabios que vivió sobre la faz de la Tierra., un científico espiritual y un auténtico avatar del *kriya yoga*, lleno de amor y conectado con Dios.

Krishna enseñó el *kriya yoga* y Jesucristo también lo practicó. Posteriormente cayó en el olvido durante siglos y fue el iluminador Babaji quien volvió a introducirlo y darlo a conocer en el siglo XIX. De este modo, pasó a su aprendices Lahiri Mahasaya y Sri Yukteswar, el maestro y profesor de Paramahansa Yogananda, que siguió su encargo divino de ir a Estados Unidos para enseñar el *kriya yoga*, lugar desde el que se ha propagado actualmente por todo el mundo.

El *kriya yoga* es la vía más rápida para llegar a Dios, lograr el auténtico autodesarrollo y proporciona técnicas a los que buscan a Dios para practicar cada día.

La vida consiste realmente en encontrar a Dios. En relación con esto, me gustaría decir de nuevo que no se trata de tener unas creencias determinadas. Lo he podido ver muy recientemente, después de vivir una experiencia cercana a la muerte. Procedemos de Dios y volveremos a Él al morir. Mientras tanto, no debemos olvidarle nunca y debemos mantener una comunicación con Él a través de un amor infinito. Precisamente el ancestral conocimiento del *kriya yoga* puede ser útil para esta finalidad para cualquier persona.

- Amor divino
- *Kriya yoga*
- Autorrealización

Propuesta de oración:

Querido Paramahansa Yogananda, me inclino ante ti y ante todos los maestros del *kriya yoga*. Ayúdame a ver el camino hacia Dios. Siento que ahora estoy plenamente preparado/a y lo digo de verdad.
Te ruego que me bendigas con tu amor divino para que con vuestra protección, queridos maestros, pueda encontrar a Dios. ¡Muchas gracias!

Dios

Dios es la fuerza universal y esta energía divina está por todas partes. Palpita por todas partes, vive en todo. ¡Dios es la fuente de poder de la que vivimos!
En este caso no se trata de religión o de convertirse. En definitiva, es la única fuente de luz de la que procedemos y a la que volveremos, da igual el nombre que le otorguemos, si creemos en ella o no, si hemos logrado grandes cosas o no, o hemos amado o no. Adquirí conciencia de ello después de una experiencia cercana a la muerte que tuve con 22 años.
No debemos regodearnos constantemente en nuestros problemas, de lo contrario quedaremos automáticamente atrapados en el nivel *maya*, el nivel de la ilusión del drama, el miedo y la muerte. Y lo cierto es que no aporta nada bueno. Las personas que han vivido una experiencia cercana a la muerte pueden confirmar inmediatamente lo que acabo de mencionar, que cuando abandonamos el cuerpo, solo somos luz, amor, paz y espíritu.
¡Aunque también lo somos mientras habitamos en nuestro cuerpo! Nosotros ya somos luz, amor, paz y espíritu, solo que lo ocultamos todo bajo el drama y el miedo.
Creo simplemente que todos estamos aquí por una razón y participamos en el teatro de la Tierra para ver que todos somos luz, amor, paz, un único espíritu, así como para profundizar en nuestra relación con Dios.
¡No desespere nunca!
Solo se trata de pruebas que debemos superar para volvernos más fuertes y lograr una mayor unión con Dios. No debemos dejar que las situaciones dramáticas nos venzan, sino invocar a los ángeles, los mensajeros de Dios que están a nuestro lado, y, principalmente, debemos guardar un lugar para Dios en nuestro corazón.

Deje su corazón, su ser, sus problemas y todo lo demás en sus manos. Libérese, Dios es el que mejor, puede ayudarnos y sabe lo que nos conviene. Si confiamos en que nos enviará sus ayudantes angelicales en las fases difíciles de nuestras vidas y que también nos protege con sus manos, estaremos en el camino adecuado.
Esto no significa que no debamos hacer algo más. ¡No! Todo lo contrario: nos invadirá una fuerza emprendedora y percibiremos el amor, la paz y este espíritu divino en nosotros, por lo que podremos alegrarnos cada día.
Para entrar en contacto con Dios, diga simplemente "¡Te quiero, Dios!". Él espera nuestro amor.
Espero que se anime a invocar a su lado a los magníficos ángeles, maestros ascendidos, diosas, arcángeles, avatares y a Dios y a dejar que actúen en su vida. Abra su corazón y déjelos entrar. Harán mucho por su usted, en su entorno y en su vida.
Le deseo mucha diversión y una VIDA CON LA COMPAÑÍA DE DIOS.

Cordialmente, Nadine Simmerock

Lista de todos los ángeles y su ámbito de influencia

Abundancia

- Bienestar
- Seguridad económica
- Protección y orientación segura
- Amor y seguridad
- Eliminación de preocupaciones
- Alegría de vivir
- Abundantes bendiciones

Babaji

- Crecimiento espiritual
- Lucidez
- Abrir el corazón
- Amor divino puro
- Comunicación clara con Dios

Buda

- Meditación
- Encontrar la paz en uno mismo
- Armonía y equilibrio
- Alegría
- Crecimiento espiritual y unión con Dios

Cristo

- Perdón
- Sanación
- Fuerza milagrosa
- Conexión con Dios
- Liberación
- Paz

Diana

- Maternidad/embarazo/nacimiento
- Eliminación de miedos/preocupaciones
- Miedo al público
- Obtener fuerza, poder, plenitud y fertilidad

Djwal Khul

- Sanación
- Sanación del corazón
- Ayuda para todos los que trabajan en la sanación
- Colabora con el arcángel Rafael y el maestro Hilarión

El Morya

- Conexión con la voz interior
- Lograr confianza
- Protección, conexión con la tierra, centrarse
- Empezar de nuevo
- Purificación
- Eliminación de bloqueos de energía

Arcángel Ariel

- Valor y autoconfianza
- Vive tus sueños
- Sé fiel a ti mismo
- Protección
- Conexión con los animales y la naturaleza

Arcángel Azrael

- Ayuda en todas las situaciones, especialmente en un proceso de muerte/separación
- Iluminador
- Mejora del sueño
- Ayuda para los servidores de la luz
- Liberación de preocupaciones, dificultades, desesperación y tristeza
- Sanación del corazón

Arcángel Chamuel

- Paz interior
- El amor es real
- Ayuda para ver las situaciones con claridad
- Encontrar objetos perdidos
- Encontrar un alma gemela
- Encontrar un trabajo, etc.

Arcángel Gabriel

- Embarazo y nacimiento
- Feminidad
- Comprensión entre padres e hijos
- Trabajo con nuestro niño/a interior
- Acompañamiento en todos los proyectos artísticos
- Escritura
- Periodismo, trabajo en la televisión/radio
- Presencia en el escenario

Arcángel Haniel

- Aporta feminidad, gracia, sabiduría, respeto, amor, serenidad, carisma y belleza
- Ciclo lunar
- Ayuda a los hombres a ser más tiernos y cariñosos
- Resolución de situaciones o conflictos complicados

Arcángel Jeremiel

- Misericordia en cualquier situación
- Útil en la terapia de *tapping* de meridianos
- Liberación de emociones negativas
- Creación de unos nuevos fundamentos, llenos de amor y confianza en nosotros mismos y en los demás

Arcángel Jofiel

- Aporta belleza en todos los ámbitos
- Pensamiento positivo (útil para las afirmaciones)
- Positividad
- Liberación de elementos, patrones, pensamientos y conductas negativos
- Promueve la creatividad y la fuerza creativa
- Acompañamiento en proyectos artísticos

Arcángel Metatrón

- Superación de miedos
- Problemas con los niños: principalmente dificultades de aprendizaje, el estirón o la pubertad
- Problemas con los niños: una magnífica ayuda para los padres
- Situaciones de emergencia

Arcángel Miguel

- El mejor protector
- El policía de los ángeles
- Elimina todos los hilos y bloqueos energéticos, elementos nocivos, miedos y preocupaciones
- Lo purifica y lo aclara todo
- Aporta coraje, valentía, energía y fuerza
- Vela por la ley y el orden

Arcángel Raguel

- Vela por el orden y la justicia
- Ayuda a todas las personas frágiles, discriminadas o que se sienten solas
- Sanación en las relaciones
- Resuelve conflictos
- Trabajo en equipo (en el trabajo, en la familia, en un equipo deportivo)
- Promueve la amistad

Arcángel Rafael

- Poderoso sanador
- Ayuda en las adicciones
- Trabajo con el tercer ojo
- Protección
- Eliminación de energías negativas e inferiores

Arcángel Raziel

- Amor y magia divinos
- Solución y sanación kármicas
- Reconocer contextos mayores
- Acceso a los secretos divinos
- Crecimiento espiritual
- Las ideas se convierten en oro

Arcángel Sandalfón

- Sanación con amor y dulzura
- Eliminación de la agresividad y la frustración
- Transmisión y respuesta a las plegarias
- Música

Arcángel Uriel

- Aclara cualquier situación
- Rápida solución de problemas
- Sabiduría
- Catástrofes naturales

Arcángel Zadquiel

- Compasión
- Perdón
- Sanación del corazón
- Eliminación del endurecimiento del corazón
- Modificación positiva de la energía en aviones, autobuses, trenes o en agrupaciones de personas

Ganesh

- Bienestar y plenitud
- Amor y cariño
- Protección
- Superación de todos los obstáculos
- Sabiduría
- Positividad

Hilarión

- Sanación
- Sanación del corazón
- Llene su corazón, perciba la verdad y siga su camino
- Ayuda para todos los que trabajan en la sanación

Isis

- Magia divina
- Eliminación y equilibrio de vidas anteriores
- Belleza interior y exterior
- Poder femenino, fuerza y alegría
- "¡Sé tú mismo!"
- Autoestima

Ixchel

- Sanación
- Sanación con la luz del arco iris
- Disuelve cualquier obstrucción
- Devuelve las cosas a su cauce

Kali

- Es la diosa de la muerte/nuevo comienzo, morir/crecer
- Elimina todo lo negativo
- Resolución de todas las situaciones
- Liberación
- Valor/motivación/dinamismo
- Protección
- Pasión

Krishna

- Amor divino, puro
- Transmisor de felicidad y paz
- Kriya yoga
- Crecimiento espiritual
- Unión con Dios

Kuan Yin

- Misericordia
- Compasión
- Equilibrio
- Sanación
- Eliminación del karma
- Amor

Kuthumi

- Eliminación de miedos
- Conexión con la tierra
- Ligereza
- Eleva el corazón al cielo

Lady Nada

- Sensación de protección y amor
- Transformación de emociones/energías negativas
- Sanación con amor puro

Lakshmi

- Felicidad
- Abundancia y riqueza
- Belleza y amor
- Bienestar y armonía mental
- Nuevas posibilidades

Maat

- Justicia
- Orden divino y orden mundial
- La verdad sale a la luz
- Integridad
- Fuerza interior
- Protección frente a la manipulación y la magia negra
- Eliminación de conductas adictivas y presiones

Maha Chohan

- Buena disposición
- Nuevos impulsos e ideas
- Presencia en el escenario
- Para todos los enseñantes
- Libre expresión
- Abertura y sanación del corazón

Merlín

- Sabiduría y saber
- Sanación
- Transmite el conocimiento de Atlantis y Lemuria
- Trabajo con cristales
- Ayuda en todas las profesiones relacionadas con la sanación o la ayuda
- Para un cambio rápido
- Eliminación de los obstáculos existentes
- Crecimiento

Virgen María

- Aporta amor, compasión y comprensión mutuos
- Eliminación de miedos
- Sanación del corazón
- Bendición
- Ayuda a los niños, a las futuras madres, en las relaciones y todas las amistades

Palas Atenea

- Protección
- Fuerza
- Eliminar obstáculos
- Reunir energías
- Mediación de conflictos
- Eliminar el drama

Pelé

- Resolución de dudas e inseguridades
- Eliminación de cólera/ira
- Reconocer los propios puntos débiles y fuertes
- Despierta el poder, la energía, la pasión y la fuerza
- Protección
- Respeto
- Eliminar obstáculos
- Establecer objetivos y cumplirlos
- Libera el camino
- Promueve la honestidad
- Idóneo para los adolescentes que tienen dificultades con los límites, el respeto y les cuesta controlar su cólera/ira

Serapis Bey

- *Coach* para el éxito
- Motivación y capacidad de resistencia
- La calma durante la tormenta
- Disuelve bloqueos kármicos
- Aporta luz a cualquier situación
- Lucidez
- Seguir la voz interior

Paramahansa Yogananda

- Amor divino
- *Kriya yoga*
- Autodesarrollo

Dios
Es responsable de TODO

En este libro la escritora no da recomendaciones medicas, ya que no sustituye a un medico.
La escritora al igual que la editorial no asumen responsabilidad por sus actos.

Nadine Simmerock intenta enseñar que toda persona tiene el 100% de responsabilidad sobre el mismo, su vida, su cuerpo y sobretodo de sus pensamientos.

Contactos:

Correo: nadinevsimmerock@gmail.com

Web: www.nadinesimmerock.com

Facebook: Nadine V.Simmerock

Herstellung und Verlag:
BoD - Books on Demand, Norderstedt
ISBN 978-3-7431-8903-4